Ce rapport était tiré et allait être expédié aux membres et aux associés de l'Institut de droit international lorsque, aux premiers jours d'août 1914, la guerre interrompit les relations entre la plupart des Etats de l'Europe. Cette guerre empêcha sa distribution. Elle a fait également obstacle à la réunion de l'Institut qui devait avoir lieu à Munich au mois de septembre. La violation par certains des belligérants des traités les plus solennellement conclus et des règles les plus communément admises ne peut-elle faire croire qu'elle marquera aussi la fin du droit international ? J'espère qu'en fin de compte la force du droit l'emportera toujours sur le droit de la force. Quoi qu'il en soit, il appartiendra à l'Institut de décider si, dans ces conditions, ce ne serait pas faire une œuvre vaine que de discuter un projet de Manuel des lois de la guerre maritime fondé sur le principe du respect de la propriété privée ennemie. Quand ce principe se trouve méconnu sur terre en dépit de la coutume et des traités, est-il permis de croire qu'il sera observé sur mer ? Un pareil principe n'est-il pas, dans son application à la guerre navale, devenu de plus en plus utopique ? La discussion d'un Manuel qui l'aurait à sa base ne serait-elle pas désormais purement académique ?

P. F.

1er janvier 1915.

INSTITUT DE DROIT INTERNATIONAL

Session de Munich, 1914.

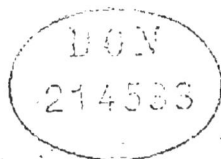

2093

INSTITUT DE DROIT INTERNATIONAL

Session de Munich, 1914.

VINGTIÈME COMMISSION

RÉGLEMENTATION

des lois et coutumes de la guerre maritime
dans les rapports entre belligérants.
Manuel des lois de la guerre maritime.

RAPPORT

sur un projet de manuel fondé sur l'abolition du droit
de capture de la propriété privée ennemie
par M. Paul FAUCHILLE, rapporteur

PROJET DE LA COMMISSION

INSTITUT DE DROIT INTERNATIONAL

Session de Munich, 1914.

MANUEL DES LOIS DE LA GUERRE MARITIME

L'Institut de droit international a, dans sa session d'Oxford, le 9 août 1913, adopté un Manuel des lois de la guerre maritime ayant comme point de départ la capture de la propriété privée ennemie sous pavillon ennemi (1). Mais, en vertu de la résolution qu'il avait prise à Christiania en 1912, il devait encore élaborer un second Manuel fondé sur la règle de l'abolition de la capture. C'est de ce dernier Manuel que son rapporteur, M. Paul Fauchille, s'était même occupé en premier lieu. S'inspirant des tendances manifestées par l'Institut en 1875, en 1877 et en 1887, il avait en effet rédigé successivement, le 5 mars et le 1er juillet 1912, deux projets basés sur le principe de l'inviolabilité de la propriété privée ennemie (2). Un troisième projet, mis en harmonie avec le texte du projet sur le droit de capture voté à Oxford, a été établi le 27 décembre 1913 par M. Paul Fauchille. C'est ce dernier projet qui, après avoir été soumis aux membres et associés

_____

(1) V. le texte de ce Manuel, dans l'*Annuaire de l'Institut de droit international*, t. XXVI, p. 641.

(2) V. le texte de ces deux projets, dans l'*Annuaire de l'Institut de droit international*, t. XXV, p. 81 et 269.

de l'Institut, a été examiné par la 20ᵉ Commission, dans
une réunion qu'elle a tenue à Paris, sous la présidence de
son rapporteur, les 2, 3 et 4 avril 1914. Aux cinq séances
qu'elle a consacrées à cet examen, cinq membres de la
Commission ont participé : MM. Charles Dupuis, Paul
Fauchille, Hagerup, Kaufmann et Edouard Rolin Jaequemyns ; MM. Catellani, Fromageot, de Hammarskjöld,
Holland, Macdonell et Strisower se sont trouvés empêchés
de prendre part à ses travaux ; M. Gilbert Gidel, profes-
seur de droit international à l'Université de Rennes, a
bien voulu remplir les fonctions de secrétaire de la Commission.

Le projet de Manuel préparé par M. Paul Fauchille avait
fait l'objet, avant la réunion de la 20ᵉ Commission,
d'observations écrites de la part de trois de ses membres :
MM. Holland (9 mars 1914) (1), Kaufmann (28 février 1914)

---

(1) Voici le texte des observations de M. Holland :

« *Préambule.* — Au lieu de « *fondé* etc., substituer : « *rédigé* en
vue de l'éventualité de l'acceptation du principe de l'inviolabilité etc. »

Définitions. — A omettre toutes. Elles sont très confuses et, pour la
plupart, inutiles. Le mot saisie doit seulement être employé, comme
p. ex. dans la Déclaration de Londres (par rapport au blocus). Il est
question seulement d'une prise de *possession*. En anglais on parle
seulement de « détention ».

Il n'est pas nécessaire de parler ici de la cargaison.

La définition du « navire public » doit être insérée dans le texte de
l'art. 3.

Texte. — Je trouve qu'il n'est pas trop commode de qualifier ou de
compléter si souvent un article en renvoyant à d'autres articles,
p. ex. art. 53. Il est peut-être à désirer que le Manuel soit divisé en
« Parties », ainsi que subdivisé en « Sections ».

Je crois que les règles pourraient être groupées afin de consolider
davantage les provisions communes à toutes espèces de navires, et de
séparer celles qui ont rapport aux cargaisons de celles ayant rapport
aux navires. Je proposerais alors de distribuer les matières à peu près
dans l'ordre suivant :

et Strisower (14 mars 1914). Il a été donné connaissance de ces observations à l'assemblée. Postérieurement à la réunion de celle-ci, le 6 avril 1914, un associé de l'Institut de droit international, M. Mérignhac, a déclaré adhérer au projet rédigé par M. Fauchille, en attirant toutefois l'attention de l'Institut sur trois points spéciaux au sujet desquels il a présenté quelques remarques : 1° question des représailles ; 2° question des réquisitions ; 3° question de la guerre aérienne envisagée dans ses rapports avec la guerre maritime. Certaines observations ont encore été envoyées par M. de Montluc après la clôture des séances de la Commission.

Un Manuel fondé sur l'abolition de la capture et un Manuel basé sur la saisissabilité de la propriété privée ennemie ont nécessairement des parties communes. La

Section IV. — Des droits etc.

A. — art. 31, à intituler simplement *Bâtiments de guerre.*

B. — art. 32, à intituler *Visite et recherche des navires publics ou privés.*

C. — *Saisies, pour raisons applicables aux navires publics ainsi qu'aux navires privés.*

1. — manque de papiers (art. 34).

2. — destruction de papiers (ib.).

3. — Essai de se soustraire à la visite par la force ou par la fuite (art. 35).

4. — Participation aux hostilités (art. 36).

5. — Commission d'actes interdits aux neutres, p. ex. transport de contrebande, violation de blocus (art. 36).

6. — destinés à être transformés (ib.) alors même que ces navires sont tombés etc. (art. 33).

D. — *Saisie des navires publics,* règles spéciales (art. 40-44).

E. — *Saisie des navires privés,* règles spéciales (art. 37-38).

F. — *Inviolabilité des navires publics ou privés.*

I. Des navires spécifiés dans les articles 45-53 (à énumérer).

II. De tout autre navire ennemi, public ou privé, sauf pour les navires indiqués supra, lettre C.

G. — *Les cargaisons* etc. etc. »,

discussion n'a donc porté, au sein de la 20° Commission, que sur les dispositions du projet sur lesquelles pouvait influer directement ou indirectement l'adoption du principe de l'inviolabilité. Ce sont, en conséquence, seulement les articles 31 à 44, 50 à 57, 60 et 61 de la Section IV, relative aux droits et aux devoirs du belligérant en ce qui concerne les choses de l'ennemi, et les articles 64 à 67 et 71 de la Section V touchant les droits et les devoirs du belligérant en ce qui concerne les personnes, qui ont fait l'objet d'un examen par la Commission ; quelques articles de la Section VII, sur les conventions entre belligérants, et de la Section VIII, sur les formalités de la saisie et le jugement des prises, c'est-à-dire l'article 100 et les articles 114, 115 et 118, ont été aussi soumis à ses délibérations. En dehors de ces dispositions du projet, la Commission a eu enfin à statuer sur un certain nombre de difficultés d'ordre général, dont l'avaient saisie plusieurs de ses membres, et qui en réalité constituaient moins des questions de fond que des questions de méthode.

I

Questions d'ordre général.

La première question générale dont la Commission s'est occupée est une question de méthode. Le projet de Manuel, dans sa Section IV relative aux droits et aux devoirs du belligérant en ce qui concerne les choses de l'ennemi, avait, sous chaque article consacré à une certaine catégorie de navires, traité en même temps du sort des diverses espèces de marchandises existant à leur bord : de la sorte, on embrassait d'un seul coup d'œil pour une classe déterminée de navires la situation des différentes sortes de cargaisons qu'ils transportaient ; ce procédé, qui résumait de la manière la plus concise les dispositions afférentes à la fois aux bâtiments et aux marchandises, avait encore l'avantage d'être conforme à celui qui avait été suivi par le Manuel d'Oxford de 1913 et ainsi établissait l'harmonie entre les deux Règlements fondés, l'un sur le droit de capture, l'autre sur l'inviolabilité de la propriété privée ennemie. Deux membres de l'Institut de droit international ont cependant élevé, à ce sujet, une critique : MM. Holland et Kaufmann ont demandé qu'on distinguât, sous des divisions distinctes et dans des articles séparés, d'une part tout ce qui concernait les navires et d'autre part tout ce qui avait rapport aux marchandises. Au sein de la

Commission, MM. Edouard Rolin Jaequemyns et Dupuis ont été d'avis qu'on devait se tenir le plus près possible de la forme du Manuel d'Oxford et que la solution du projet, tout en étant moins systématique et moins scientifique que celle proposée par MM. Holland et Kaufmann, était plus claire et plus commode. M. Kaufmann a contesté qu'il en fût ainsi. L'opinion de MM. Rolin et Dupuis a été partagée par M. Hagerup. Celui-ci a, toutefois, insinué qu'on pourrait peut-être, afin qu'apparaissent avec une entière netteté les avantages et les inconvénients de l'un et de l'autre systèmes, faire, sur deux colonnes, en s'inspirant de chacun d'eux, deux rédactions de la Section IV, entre lesquelles l'Institut choisirait. Cette idée n'a pas paru séduire les membres de la Commission : M. Kaufmann lui-même a estimé que la question n'était pas de nature à être utilement étudiée en séance plénière de l'Institut et il a insisté pour qu'elle fût tranchée par la 20ᵉ Commission. Cette dernière a décidé, par quatre voix contre une, de maintenir l'ordre adopté par le projet.

Un autre problème, de nature également générale, a fait encore l'objet des délibérations de la 20ᵉ Commission. M. Kaufmann s'est demandé si l'adoption de la thèse de l'inviolabilité de la propriété privée ennemie ne devait pas avoir comme conséquence de faire ouvrir les recours devant la Cour internationale des prises aussi largement quand il s'agit de la propriété privée ennemie que lorsqu'il s'agit de la propriété neutre, et s'il ne fallait pas, en outre, reconnaître compétence à cette Cour pour statuer sur les demandes des Etats belligérants en cas d'atteintes portées illégalement à leurs navires et à leurs propriétés. Il a, en conséquence, proposé d'insérer dans le projet de Manuel un article additionnel qui serait ainsi conçu : « Les décisions des tribunaux de prises nationaux qui, en contradiction avec les dispositions de ce Manuel, portent atteinte aux propriétés ennemies, peuvent être l'objet d'un recours devant la Cour internationale des prises prévue dans la XII⁰ Convention de La Haye du 18 octobre 1907, de la part : 1° des particuliers ennemis, si leurs propriétés sont atteintes (XII⁰ Convention de La Haye du 18 octobre 1907, article 3, alinéa 2, lettre c, et article 4, alinéa 3) ; 2° de l'Etat ennemi, si des navires publics ennemis ou des propriétés publiques ennemies sont atteints ». M. Paul Fauchille a considéré que la Commission ne pouvait s'occuper de ce double problème, car celui-ci sortait des limites de sa compétence. La mission qui lui a été confiée à Paris, en 1911, par la Commission des Neuf, et à Christiania, en 1912, par l'Institut, a effectivement porté sur l'élaboration d'un Règlement relatif aux lois et coutumes de la guerre maritime dans les rapports des belligérants et non pas sur l'établissement d'un texte concernant l'organisation et la compétence de la Cour internationale des prises : à Oxford, dans la confection du Manuel basé sur le droit de capture, on a, d'ailleurs, évité toute allusion à cette Cour et on s'est abstenu en général d'examiner les questions de juridiction ; il n'y a pas de motifs de procéder autrement lorsqu'il s'agit d'élaborer un Manuel fondé sur l'inviolabilité de la propriété ennemie. MM. Edouard Rolin Jaequemyns, Dupuis et Hagerup ont été également de cette opinion : « Si, a dit ce dernier, nous entrons dans la voie ouverte par M. Kaufmann, la proposition de celui-ci est insuffisante ; nous serons nécessairement conduits à interpréter la Convention n° XII de la Haye, or il est impossible à la Commission de statuer sur ce point ». M. Kaufmann a, au contraire, soutenu que l'examen de l'article additionnel présenté par lui rentrait bien dans le ressort des travaux de la Commission. Celle-ci, à la majorité de quatre voix contre une, s'est prononcée conformément au sentiment exprimé par M. Paul Fauchille. Tout en déclarant son incompétence, elle a été néanmoins unanime à penser qu'au fond la proposition de M. Kaufmann reposait sur des principes dont l'adoption serait souhaitable ; elle a dès lors adopté la motion suivante déposée par M. Hage-rup : « La Commission est d'avis qu'il serait désirable que les réclamations, fondées sur l'allégation qu'une capture aurait été effectuée en violation de ce Manuel, pussent profiter des règles établies par la XII° Convention de La Haye relative à l'établissement d'une Cour internationale des prises, article 3, 2°, lettre c et article 4, 3°. Mais elle n'a pas cru qu'elle fût compétente pour faire des propositions concernant l'organisation de la juridiction des prises ».

II

Examen des articles du projet.

Le projet de Manuel « fondé sur le principe de l'inviolabilité » a été précédé d'un préambule analogue à celui que l'Institut a décidé en 1913, dans sa session d'Oxford, de faire figurer en tête de son Règlement « fondé sur le droit de capture ». Aucun membre de la Commission n'a contesté l'utilité de ce préambule. Mais M. Holland a demandé que les termes en fussent légèrement modifiés : au lieu de parler d'un Manuel « *fondé* sur le principe de l'inviolabilité », il a proposé de faire allusion simplement à l'élaboration d'un Manuel « *rédigé* en vue de l'éventualité de l'acceptation du principe de l'inviolabilité ». La Commission n'a pas été d'avis d'admettre le changement proposé par M. Holland : elle a été unanime à penser que les termes du préambule devaient être, dans la mesure du possible, identiques dans les deux Manuels. M. Dupuis a estimé que, si une modification pouvait être apportée au texte du projet, — ce qu'il ne jugeait pas d'ailleurs nécessaire, — elle ne devrait avoir d'autre objet que d'indiquer la possibilité d'appliquer le Manuel basé sur la règle de l'inviolabilité, même sous l'empire de la coutume actuellement existante, qui permet la confiscation de la propriété privée ennemie, au cas où, comme cela s'est produit pendant la guerre

austro-prussienne de 1866, les deux belligérants renonce-
raient d'un commun accord au droit de capture.

L'Institut avait décidé, dans sa session d'Oxford, de
mettre en note du Manuel un ensemble de définitions relatives à certains termes employés, en s'inspirant, pour les
rédiger, des Instructions à la Marine française du 19 décembre 1912. C'est ainsi que, dans une note placée au début
du Règlement de 1913, des définitions furent données
du *navire public*, de la *capture*, de la *saisie*, de la *confiscation* et de la *prise*, tant en ce qui concerne le navire
qu'en ce qui touche sa cargaison. M. Holland, dans les
observations écrites qu'il a fait parvenir à la Commission,
a demandé que la définition du navire public fût insérée
dans l'article 3 du Manuel et que toutes les autres fussent
omises, les trouvant « très confuses et pour la plupart
inutiles » : « Le mot *saisie*, a-t-il remarqué, doit seulement être employé, comme par exemple dans la Déclaration de Londres du 26 février 1909 relative au blocus. Il
est question seulement d'une prise de *possession*. En
anglais, on parle seulement de *détention*. Il n'est pas
nécessaire de parler ici de la cargaison ». La 20ᵉ Commission, sur l'observation de MM. Paul Fauchille et Hagerup,
a refusé d'admettre ces suggestions de M. Holland. Elle a
considéré qu'elle ne pouvait revenir sur des décisions for-
melles prises par l'Institut : celui-ci avait en effet expressément résolu à Oxford de distraire de l'article 3 du projet,
pour l'insérer en note, la définition du navire public, et de
donner, également en tête du Manuel, dans une note, les
définitions de la capture, de la saisie, de la confiscation et
de la prise des navires et des marchandises, en les mettant
d'accord avec celles des Instructions françaises du 19
décembre 1912 (1).

_____

(1) V. *Annuaire de l'Institut de droit international*, t. XXVI, p. 598
et suiv. et 604-605.

La distribution générale des matières ne diffère pas, dans le projet de Manuel basé sur l'inviolabilité, de celle qui a été adoptée dans le Manuel d'Oxford fondé sur le droit de capture : les Sections qui le constituent sont identiques à celles de ce dernier Manuel. Les seuls changements de forme imposés par la différence des principes dont l'un et l'autre s'inspirent ont trait à l'ordre des articles dans la Section IV touchant les droits et les devoirs du belligérant en ce qui concerne les choses de l'ennemi. La Commission a fait à cet égard subir au projet quelques modifications en transposant certaines de ses dispositions. Des transpositions ont été faites de même dans la Section V sur les droits et les devoirs du belligérant en ce qui concerne les personnes.

SECTION I. — *Des lieux où des hostilités peuvent être commises.*

L'adoption du principe de l'inviolabilité de la propriété privée ennemie ne pouvait avoir d'influence sur les règles de cette Section. Le projet a donc reproduit textuellement les dispositions du Manuel d'Oxford, et cette manière de procéder n'a, au sein de la 20ᵉ Commission, soulevé aucune objection.

SECTION II. — *De la force armée des Etats belligérants.*

Le projet de Manuel fondé sur l'inviolabilité est ici encore identique au Règlement ayant pour base le principe de la capture ; la Commission n'a pas cru devoir élever à ce sujet d'observations.

SECTION III. — *Des moyens de nuire à l'ennemi.*

La Commission a estimé, conformément au projet, qu'il n'y avait pas lieu d'édicter à cet égard des dispositions différentes dans un Manuel fondé sur l'inviolabilité de la propriété privée et dans un Manuel ayant comme base la règle de la capture.

SECTION IV. — *Des droits et des devoirs du belligérant en ce qui concerne les choses de l'ennemi.*

C'est dans cette Section que les deux Manuels devaient, à raison des principes contraires dont ils s'inspiraient, contenir des prescriptions différentes. Les différences ne s'imposaient pas toutefois en ce qui concerne tous les articles de la Section. Le projet ne s'est séparé des dispositions du Manuel d'Oxford que dans ses articles 33, 35 à 44, 50 à 52, 54 à 57. La 20ᵉ Commission a cru cependant devoir faire encore porter son examen sur quelques autres prescriptions de la Section : celles des articles 31, 32, 34, 60 et 61, que le projet avait empruntées au Manuel de 1913. Tous les autres articles sont demeurés tels qu'ils étaient dans le Règlement basé sur le droit de capture.

Art. 31. — A. NAVIRES ET CARGAISONS. — Bâtiments de guerre. — *La force armée d'un Etat peut attaquer, pour s'en emparer ou les détruire, avec leur armement et leurs*

approvisionnements, les bâtiments de guerre de l'ennemi,
même s'ils se trouvent, au début de la lutte, dans un port de
l'Etat, ou sont rencontrés en mer dans l'ignorance des
hostilités, ou si la force majeure les a contraints d'entrer
dans un port ou les a jetés sur les côtes du dit Etat.

Cet article du projet, qui correspond à l'article 42 du
projet du 1ᵉʳ juillet 1912, est la reproduction textuelle de
l'article 31 du Manuel d'Oxford. Pour avoir l'explication
de ses prescriptions, il suffit dès lors de se reporter au
commentaire donné sur le projet de 1912. Or celui-ci porte
ce qui suit : « Les navires militaires sont les instruments
mêmes de la guerre maritime. Chaque belligérant pourra
donc, à leur égard, user de la force pour les attaquer, les
capturer, les détruire. Et tout ce qui se trouve à leur bord
sera soumis au même traitement » (1). M. Kaufmann s'est
demandé si cette dernière solution est bien exacte, s'il
n'est pas certaines choses qui, inviolables sur un navire
privé ou sur un navire public, devraient être respectées
également à bord d'un bâtiment de guerre ; mais il n'a
pas proposé de prévoir ces choses avec détails. M. Dupuis
a considéré comme préférable de ne rien dire à ce sujet
dans l'article 31, car, si on entrait dans une autre voie,
on serait conduit à faire de trop nombreuses distinctions.
Tel a été aussi le sentiment de la Commission, qui a décidé
de maintenir telle qu'elle était la rédaction du projet.

Art. 32. — Navires publics et navires privés. — Règles
communes. — *Tous navires autres que ceux de la marine de*
guerre, qu'ils appartiennent à l'Etat ou à des particuliers,

---

(1) Y, *Annuaire de l'Institut de droit international*, t. XXV,
p. 339-340.

peuvent être sommés par un bâtiment de guerre belligérant de s'arrêter pour qu'il soit procédé, à leur bord, à
une visite et à des recherches.

Le bâtiment de guerre du belligérant, pour inviter le
navire à s'arrêter, tirera un coup de canon de semonce à
poudre et, si cet avis n'est pas suffisant, il tirera un projectile dans l'avant du navire. Auparavant, ou en même temps,
le bâtiment de guerre hissera son pavillon au-dessus duquel,
en temps de nuit, un fanal sera placé. Le navire répond au
signal en hissant son propre pavillon et en s'arrêtant aussitôt ; dans ce cas, le bâtiment de guerre enverra au navire
arrêté une chaloupe montée par un officier accompagné
d'un nombre d'hommes suffisant, dont deux ou trois seulement se rendront avec l'officier à bord du navire arrêté.

La visite consiste en premier lieu dans l'examen des
papiers de bord.

Si les papiers de bord sont insuffisants ou ne sont pas
de nature à exclure les soupçons, l'officier qui opère la
visite est en droit de procéder à des recherches sur le
navire, et il doit requérir à cet effet le concours du capitaine.

La visite des paquebots-poste doit, comme il est dit à
l'article 61, être effectuée avec tous les ménagements et
toute la célérité possibles.

Les navires convoyés par un bâtiment de guerre neutre
ne sont soumis à la visite que dans la mesure des règles
relatives aux convois.

Cet article 32 n'a reçu, au fond, aucune modification.
Mais, à raison du déplacement qui a été fait par la Commission des articles 33 et 34, son titre a été changé. Au lieu
d'être libellé : *Navires publics et navires privés. — Règles
communes,* il a été formulé ainsi qu'il suit : *Navires publics
et navires privés. — Arrêt, visite et recherches.*

Art. 33. — *La capture et la saisie, en tant qu'elles s'appliquent, d'après les articles qui suivent, aux navires privés et aux navires publics ainsi qu'à leur chargement, sont admises alors même que les navires ou les marchandises sont tombés au pouvoir du belligérant à la suite d'une force majeure, par naufrage ou relâche forcée.*

L'article 33 est un texte qui peut s'appliquer à tous les navires, privés ou publics, susceptibles, à un titre quelconque, de capture ou de saisie ; il rentre ainsi dans les dispositions communes à ces navires. La Commission a jugé préférable de parler de ces dispositions communes non pas, comme le faisait le projet, avant les prescriptions spéciales aux navires privés et aux navires publics, mais après ces prescriptions, c'est-à-dire après l'article qui porte dans le projet le numéro 44 (1). Il lui a paru, en effet, qu'il ne serait pas sans singularité, dans un Manuel ayant pour base la règle de l'inviolabilité de la propriété ennemie, de commencer par prévoir le cas où les navires et les marchandises sont sujets à capture et à saisie. A raison du déplacement de l'article 33, sa formule a dû être nécessairement modifiée : aux mots « la capture et la saisie. en tant qu'elles s'appliquent, d'après les articles qui *suivent,* aux navires... », la Commission a substitué les mots « la capture et la saisie, en tant qu'elles s'appliquent, d'après les articles qui *précèdent,* aux navires... ».

Art. 34. — *Sont passibles de saisie les navires qui ne possèdent aucuns papiers de bord, ont caché ou détruit intentionnellement ceux qu'ils possédaient ou en présentent de faux.*

---

(1) V. plus loin, p. 84 et suiv.

. Comme l'article 33, cet article 34 a été déplacé. Il figurait, dans le projet, au nombre des dispositions communes aux navires privés et aux navires publics. Et, de fait, ses prescriptions sont bien applicables aux uns et aux autres. La Commission a néanmoins pensé qu'il convenait d'introduire la solution qu'il indiquait dans celui des articles particuliers aux navires privés et aux navires publics qui s'occupe des cas où ces navires peuvent être, avec leur chargement, susceptibles de capture, afin qu'on trouve réuni sous une même disposition tout ce qui est afférent à ces cas. L'article 34 a donc été supprimé comme article séparé, et ses dispositions, complétées d'ailleurs en ce qui touche les marchandises à bord des navires, ont été ajoutées, pour les navires privés, à l'article 36 et, pour les navires publics, à l'article 42 du projet. Cet article 42, relatif aux navires publics, à la différence de l'article 36, concernant les navires privés, visait déjà spécialement les navires qui n'ont pas de papiers de bord, les ont cachés ou détruits intentionnellement ou en possèdent de faux : il y avait là un défaut de symétrie que la modification apportée par la Commission a fait disparaître.

Art. 35. — Navires privés. — *Les navires privés, de nationalité ennemie, sont exempts de saisie, sauf les exceptions ci-après indiquées.*

Les marchandises ennemies qui existent à leur bord sont de même insaisissables, à moins qu'elles n'aient le caractère de contrebande de guerre ou ne constituent une propriété de l'Etat. La propriété publique ennemie ne présentant pas une nature hostile peut être saisie [sans indemnité] (1) moyennant l'obligation de la restituer après la guerre ou être réquisitionnée avec indemnité.

_____

(1) Mots omis par inadvertance.

Cet article concerne deux questions différentes : il s'occupe, dans son alinéa 1ᵉʳ, de la situation des *navires* appartenant à des particuliers ennemis ; il traite, dans son alinéa 2, du sort des *marchandises* ennemies qui se trouvent sur ces navires.

I. — *Navires.* — La règle de l'inviolabilité de la propriété privée ennemie constituant la base même du projet, celui-ci ne pouvait poser un autre principe général à l'égard des navires privés ennemis que celui de l'exemption de la saisie. Ce principe s'imposait si nécessairement qu'un membre de la Commission, M. Edouard Rolin Jaequemyns, demanda s'il était vraiment utile de l'indiquer en termes exprès : la disposition qui le mentionne ne devrait-elle pas logiquement être supprimée ? M. Rolin a été néanmoins d'avis de maintenir cette disposition « pour un motif d'utilité pratique » : il est bon que les officiers de marine trouvent dans le Manuel une règle formelle qui les guide sur le traitement qu'ils ont à appliquer aux navires privés de l'ennemi ; ne serait-il pas d'ailleurs un peu bizarre qu'un Règlement fondé sur le principe de l'inviolabilité ne contînt aucun texte qui proclamât directement ce principe ? Mais de quelle manière convenait-il de l'indiquer ? Le projet avait pensé qu'il suffisait de déclarer les navires privés simplement « exempts de saisie », car l'exemption de la saisie implique forcément, en ce qui les concerne, l'exemption de la capture, qui, étant une saisie entraînant confiscation, constitue un traitement plus rigoureux. M. Edouard Rolin Jaequemyns et M. Kaufmann ont cru préférable de donner à l'alinéa 1ᵉʳ une précision plus complète en disant que les navires privés ennemis sont « exempts de capture et de saisie ». Telle a été également l'opinion de la Commission. L'article 35 a donc été, dans son premier paragraphe, adopté avec la rédaction suivante : « Les navires privés, de nationalité ennemie, sont exempts de capture et même de saisie, sauf les exceptions ci-après indiquées ».

II. — *Marchandises.* — Un navire privé peut avoir à son bord des marchandises ennemies appartenant à des particuliers ou appartenant à l'Etat ; l'article 35, dans son alinéa 2, s'est occupé du sort réservé à chacune d'entre elles.

A. — En ce qui concerne les marchandises *privées,* le projet, étant donné l'idée qui lui servait de base, ne pouvait que proclamer en règle générale leur inviolabilité. C'est effectivement ainsi qu'il a procédé. Et aucune contradiction ne s'est élevée à ce sujet au sein de la Commission.

Les membres de celle-ci ont de même été d'accord pour faire cesser l'exemption de saisie à l'égard des marchandises présentant le caractère de contrebande de guerre. Une divergence de vues s'est toutefois produite entre eux sur le point de savoir si on devait faire une allusion à cette restriction dans l'article 35 ou s'il ne fallait pas plutôt en parler uniquement dans l'article 36 où il est question de la capture des navires porteurs de contrebande. Cette dernière manière de voir, défendue par M. Edouard Rolin Jaequemyns et par M. Strisower dans ses observations écrites, n'a point prévalu devant la 20ᵉ Commission. Une dissidence d'opinions s'est fait jour également au sein de la Commission en ce qui touche la définition de la contrebande de guerre. Que doit-on entendre exactement dans le projet par « marchandises ayant le caractère de contrebande de guerre » ? L'article 35 a compris sous cette expression les marchandises qui auraient ce caractère si elles étaient transportées par des navires neutres, c'est-à-dire, en s'inspirant des dispositions du chapitre II de la Déclaration navale de Londres du 26 février 1909, des objets d'une certaine espèce ayant une certaine destination. Ainsi, des canons, des armes et des munitions de

guerre ne seront pas de la contrebande et devront être
insaisissables comme toute propriété privée ennemie si,
chargés sur un navire ennemi, ils sont destinés à un
gouvernement neutre et non à un gouvernement ennemi.
De même, seront exempts de saisie, sur un navire ennemi,
des vivres, du numéraire ou des combustibles que leur propriétaire ennemi transporte à destination d'un pays neutre et non des forces armées ou des administrations de
l'Etat ennemi. Mais une pareille solution a été critiquée par
M. Dupuis. D'après celui-ci, il existerait, en réalité, deux
sortes de contrebande de guerre qui devraient être soumises
à des règles différentes, la contrebande de guerre des belligérants et la contrebande de guerre des neutres : la première
n'exigerait pas comme la seconde une destination déterminée, la nature des objets serait en ce qui la concerne
le seul élément dont il faudrait tenir compte. « La notion
de contrebande de guerre, a-t-il dit, est une notion qui a
été précisée par rapport aux neutres, et on a admis dans
leur intérêt des règles très protectrices. Il est excessif
d'appliquer aux marchandises privées, et encore plus aux
marchandises publiques ennemies, les règles protectrices
admises dans l'intérêt des neutres en matière de contrebande relative ». Des canons ou du numéraire embarqués
par un propriétaire ennemi sur un bâtiment de sa nationalité seront donc, suivant M. Dupuis, soumis à saisie
comme constituant de la contrebande, même s'ils sont à
destination d'un territoire neutre. La Commission a estimé
que, pour la détermination des objets de contrebande de
guerre, il n'y a pas à distinguer les rapports entre belligérants et les rapports entre belligérants et neutres ; dans
les deux cas, la notion de contrebande résulte, sans avoir
égard à la qualité du transporteur, tout à la fois de la
nature des objets et de leur destination : elle a, en effet,
pris soin, comme on le verra plus loin à propos de la

propriété publique (1), de distinguer spécialement, pour les soumettre à la saisie, les armes ou le numéraire et les marchandises présentant les caractères de la contrebande de guerre, ce qui montre que les armes et le numéraire peuvent être saisissables encore qu'ils ne soient pas de la contrebande de guerre.

B. — Quelle situation convient-il de faire aux marchandises *appartenant à l'Etat* qui sont à bord de navires privés ?

Il est un point qui ne pouvait faire difficulté et sur lequel tous les membres de la Commission ont été d'accord avec le projet : les marchandises publiques doivent, comme les marchandises privées, être sujettes à saisie lorsqu'elles ont le caractère de contrebande de guerre.

Mais quels seront les droits d'un belligérant sur les marchandises publiques qui ne présentent pas le caractère de contrebande au sens que la Commission a attribué à ce mot ?

M. Strisower a considéré que les marchandises de l'Etat qui ne sont pas de la contrebande de guerre peuvent être divisées en deux catégories : celles qui ont une nature absolument pacifique et celles qui sont de nature à servir aux opérations de la guerre. « Il y a en effet, déclare-t-il, une classe d'objets, pour ainsi dire intermédiaires entre ceux qui ont le caractère de contrebande de guerre et ceux qui ont une nature tout à fait pacifique. Ce sont les objets qui, tout en n'ayant pas dans un cas donné le caractère de contrebande de guerre, par exemple à cause de la direction du transport, sont pourtant de nature à servir aux opérations de la guerre ». Ces objets devraient, d'après M. Strisower, être soumis à « saisie temporaire », c'est-à-dire retenus sans indemnité mais à charge de restitution

---

(1) V. plus loin, p. 32.

après la guerre. Quant aux objets d'une nature absolument pacifique, ils devraient être insaisissables comme les marchandises privées : le désir de désorganiser les services pacifiques de l'Etat ne saurait être un motif suffisant pour en autoriser la retenue. M. Strisower a, en conséquence, proposé de rédiger ainsi qu'il suit l'alinéa 2 de l'article 35 : « Les marchandises ennemies qui existent à bord des navires privés de nationalité ennemie sont de même insaisissables. Cependant les objets qui constituent une propriété de l'Etat et qui sont de nature à servir aux opérations de la guerre peuvent, en tout cas, être saisis moyennant l'obligation de les restituer après la guerre ou être réquisitionnés avec indemnité ».

C'est une distinction analogue que M. Kaufmann a proposée à la Commission ; seulement il a été d'avis de soumettre les marchandises de l'Etat à un régime plus rigoureux. Pour lui, on doit envisager, d'une part, « le numéraire, les fonds et les valeurs exigibles, les armes, moyens de transport, stocks et approvisionnements et, en général, toute marchandise de nature à servir aux opérations de la guerre », qui seront passibles de saisie, c'est-à-dire de confiscation, et, d'autre part, « les objets et matériaux non susceptibles de servir aux usages de la guerre », qui seront sujets à être saisis par l'ennemi moyennant l'obligation de les restituer après la guerre sans indemnité ou à être réquisitionnés à charge d'indemnité. Il a, en conséquence, demandé qu'on substituât à l'article 35 du projet les deux dispositions suivantes : 1° « Le numéraire, les fonds et les valeurs exigibles, les armes, moyens de transport, stocks et approvisionnements et, en général, toute marchandise de nature à servir aux opérations de la guerre qui appartiennent à l'Etat ennemi et sont chargés sur un navire public ennemi ou sur un navire privé ennemi sont sujets à saisie, même si le navire qui les transporte ne peut pas être saisi. Mais de telles choses destinées à l'usage du navire où elles sont trouvées, ainsi qu'à l'usage de l'équipage et des passagers de ce navire pendant la traversée, ne peuvent pas être saisies, si le navire qui les transporte, lui-même, n'est pas sujet à saisie ». 2° « Les objets et matériaux qui appartiennent à l'Etat ennemi, mais ne sont pas susceptibles de servir aux usages de la guerre, et qui sont chargés sur un navire public ennemi ou sur un navire privé ennemi, sont, même si le navire qui les transporte ne peut pas être saisi, sujets à être saisis par l'ennemi moyennant l'obligation de les restituer après la guerre sans indemnité ou à être réquisitionnés à charge d'indemnité ».

Un troisième système a été soutenu par M. Dupuis. Celui-ci a estimé qu'on peut distinguer deux catégories d'objets dans la propriété publique : 1° les objets qui sont utilisables par l'adversaire, mais qui ne sont pas utilisables par le capteur : ils sont susceptibles de saisie temporaire ; 2° les objets qui sont utilisables à la fois par l'adversaire et par le capteur : le capteur a le droit de s'en emparer sans indemnité et n'est pas tenu de les restituer.

Une même idée a paru inspirer ces différentes opinions: il faut, en ce qui concerne les marchandises de l'Etat, appliquer autant que possible à la guerre maritime les règles consacrées pour la guerre sur terre par les Règlements de La Haye du 29 juillet 1899 et du 18 octobre 1907 ; or ces Règlements, dans leur article 53, font une situation spéciale à certains meubles de l'Etat ennemi : car ils déclarent que « l'armée qui occupe un territoire — et on admet qu'il en est de même de l'armée qui l'envahit (1) — pourra saisir le numéraire, les fonds et les valeurs exigibles

(1) V. Rapport de M. Renault, *Actes et documents de la deuxième Conférence de la Paix*, t. I, p. 582.

appartenant en propre à l'Etat, les dépôts d'armes, moyens de transport, magasins et approvisionnements, et, en général, toute propriété mobilière de l'Etat de nature à servir aux opérations de la guerre ».

Tout autre était la solution proposée par l'article 35 du projet. Cet article, en dehors des objets constituant de la contrebande de guerre, n'établissait aucunes catégories entre les marchandises de l'Etat ; il les soumettait toutes à un même traitement, qui est celui de la saisie temporaire. Dans son opinion, des marchandises, dès lors qu'elles ne sont pas des articles de contrebande de guerre, doivent être considérées comme présentant un caractère paisible et, pour déterminer leur régime, il n'y a pas à s'inquiéter de l'emploi qui pourra éventuellement en être fait. Certaines, sans doute, seront peut-être un jour utilisées pour la guerre ; mais pourquoi, tant qu'elles n'auront pas reçu cette utilisation, les traiterait-on comme celles réellement affectées à un but militaire ? Agir ainsi, ce serait, en définitive, élargir à l'infini la notion de contrebande, l'étendre à des objets dont la nature et la destination ne sont pas celles que cette notion implique. Permettre à un belligérant d'assujettir au régime rigoureux de la confiscation des objets appartenant à l'Etat ennemi, parce qu'ils sont « de nature à servir aux opérations de la guerre » ou sont « utilisables à la fois par l'adversaire et par le capteur », parce qu'ils peuvent de loin être employés, d'un moment à l'autre, à des fins militaires, ce serait de bien près cotoyer le pillage. Ne serait-ce pas encore ouvrir la voie à l'arbitraire : à quelles conditions reconnaîtra-t-on qu'une marchandise qui n'est pas de la contrebande de guerre est ou non capable de servir à des usages belliqueux ? Les objets les plus pacifiques, comme ceux que l'article 28 de la Déclaration de Londres proclame non susceptibles d'être déclarés contrebande de guerre, ne pourraient-ils pas, dans un cas donné, servir, directement ou indirectement, aux opérations de la guerre ? Par exemple, « le coton brut, les laines, soies, jutes, lins, chanvres bruts et les autres matières premières des industries textiles, ainsi que leurs filés », dont parle la Déclaration du 26 février 1909, ne sont-ils pas susceptibles d'être utilisés pour confectionner des uniformes militaires ? De même, le « papier » et les « machines servant à l'imprimerie », que cette Déclaration déclare aussi absolument inoffensifs, ne peuvent-ils pas être employés à l'établissement de proclamations ou d'ordres guerriers ? S'il est des objets qui ne se prêtent pas par eux-mêmes à un pareil emploi, comme « les pierres précieuses, les pierres fines, les perles, la nacre et les coraux », ils peuvent tout au moins être un élément d'échange, et la valeur qu'il est permis d'en tirer sera de nature à servir à la guerre. On le voit donc, en dehors des choses qu'une nature et une destination déterminées d'une manière précise ont fait ranger dans les objets de contrebande de guerre, il est impossible d'affirmer avec certitude qu'une marchandise est susceptible d'être employée aux usages de la guerre ou n'est pas de nature à servir aux opérations de celle-ci. Est-ce à dire qu'il faudra proclamer libres toutes les marchandises de l'Etat qui ne constituent pas de la contrebande de guerre ? Une pareille solution serait excessive. Il est ici une circonstance dont on doit tenir compte, c'est que ces marchandises sont la propriété de l'Etat ennemi. Mais cette circonstance peut-elle avoir pour conséquence d'autoriser leur confiscation ? Une double considération permettrait de le soutenir : 1° La guerre, se faisant d'Etat à Etat, doit produire tous ses effets sur les choses qui appartiennent à l'Etat : en s'emparant de ces choses, alors même qu'elles n'ont présentement qu'un rôle pacifique, on désorganise les services de l'Etat, et ainsi on l'affaiblit. 2° Les objets qui sont la propriété de l'Etat sont sous sa dépendance et son autorité, beaucoup plus que ceux qui appartiennent à des particuliers· ; l'Etat aura donc une facilité plus grande pour les destiner à des fins militaires, pour les faire servir aux opérations de la guerre. Cette argumentation ne saurait, en réalité, suffire pour soumettre à la saisie pure et simple la propriété publique. Une pareille conclusion aurait le grave défaut de faire trop bon marché du caractère paisible que ces choses présentent en fait : une marchandise ne perd pas nécessairement son caractère pacifique parce qu'elle appartient à l'Etat. Néanmoins, parce qu'elle appartient à l'Etat, elle pourra perdre plus facilement ce caractère. Et cette dernière idée doit conduire à faire admettre ici des règles particulières. Ce qui, en définitive, importe surtout à un belligérant, c'est d'empêcher que son ennemi puisse user contre lui, dans un but guerrier, des choses, même pacifiques, qu'il a en sa possession. Ce qu'il faut encore, c'est qu'il puisse troubler le commerce et désorganiser les services, même paisibles, de son adversaire, *au cours des hostilités*, car c'est là ce qui seul intéresse les fins de la guerre : celle-ci n'a pas pour objet de ruiner l'ennemi d'une manière irrémédiable, mais simplement de le réduire à l'impuissance, à l'impossibilité de prolonger sa résistance. Or, pour atteindre ce résultat, il n'est pas besoin de confisquer les marchandises de l'Etat ennemi, il suffit que l'adversaire s'en empare sous l'obligation de les restituer après la fin de la guerre sans indemnité. Telle est la solution qu'a proposée le projet de Manuel, en déclarant d'une manière générale, dans l'alinéa 2 de son article 35, que « la propriété publique ne présentant pas une nature hostile — c'est-à-dire la propriété publique n'ayant pas le caractère de la contrebande de guerre (1) — peut

_____

(1) L'expression « ne présentant pas une nature hostile » était, dans

être saisie sans indemnité moyennant l'obligation de la restituer après la guerre ou être réquisitionnée avec indemnité ». Cette solution est, en définitive, plus sévère que celle de M. Strisower, puisqu'elle soumet sans distinction toutes les marchandises publiques à la saisie temporaire et ne consacre l'inviolabilité d'aucune d'entre elles ; mais elle est moins rigoureuse que celles de M. Kaufmann et de M. Dupuis, attendu que, prononçant contre toutes la saisie temporaire, elle n'en assujettit aucune à la saisie pure et simple.

A quel système la 20ᵉ Commission a-t-elle donné la préférence ?

La Commission avait à trancher une double question : 1° Convient-il de distinguer plusieurs catégories de biens publics en dehors de ceux qui constituent de la contrebande de guerre ? 2° Quel traitement doit-on appliquer aux biens qui sont la propriété de l'Etat ?

C'est la seconde de ces questions que la 20ᵉ Commission a décidé de résoudre en premier lieu, voulant fixer d'abord un principe général. Et c'est la théorie la plus absolue, c'est-à-dire celle de la saisie, qu'elle commença par examiner. Elle l'a rejetée par quatre voix contre une (M. Kaufmann). Dans les conditions où le problème se posait devant elle, elle ne pouvait vraiment adopter une autre solution ; en effet, avant de s'occuper de l'article 35, elle avait discuté le traitement qu'il fallait appliquer aux navires pacifiques de l'Etat, et, conformément à l'article 41 du projet, elle avait résolu de les assujettir à une simple saisie temporaire : dès l'instant qu'elle déclarait non confiscables les navires publics, a fortiori il lui était impossible, ainsi que le lui avait fait remarquer M. Paul Fauchille, d'admettre

l'esprit de l'auteur du projet, synonyme de l'expression « ne présentant pas le caractère de la contrebande de guerre » : c'est simplement pour l'élégance de la forme et afin d'éviter une répétition qu'elle a été employée.

comme principe la confiscation des marchandises publiques. Le système de la saisie pure et simple ayant été repoussé, la Commission se trouvait alors en présence de la théorie du projet. Elle l'a adoptée en la formulant dans les termes suivants : « La propriété publique se trouvant à bord des navires privés, de nationalité ennemie, peut être retenue sans indemnité, mais à charge de restitution après la guerre ».

A la règle générale que la Commission venait ainsi d'établir, ne convenait-il pas cependant d'apporter des restrictions, soit pour l'aggraver, soit pour l'adoucir ? C'est le second problème qui s'offrait à ses délibérations.

La 20ᵉ Commission a estimé qu'il devait être fait des exceptions au principe de la saisie temporaire et que la saisie pure et simple pouvait être admise dans certains cas particuliers. Mais, contrairement aux propositions qu'avaient faites MM. Strisower, Kaufmann et Dupuis, elle a refusé de comprendre ces exceptions dans une formule générale, qui à ses yeux aurait l'inconvénient de donner prise à l'arbitraire. C'est, d'après elle, pour certains objets spécialement déterminés, et non pas pour toutes marchandises « susceptibles de servir aux usages de la guerre » ou « utilisables à la fois par l'adversaire et par le capteur », qu'il sera permis au belligérant d'exercer un droit de capture.

Mais quels sont les objets qui seront passibles d'une saisie pure et simple ?

Ce seront, d'abord, les choses que l'article 53 des Règlements de La Haye relatifs à la guerre terrestre a déclaré nommément soumises à saisie, en tant du moins qu'il peut en être question sur mer, c'est-à-dire « le numéraire, les fonds et les valeurs exigibles, les armes ».

Ce seront, en outre, toutes les marchandises présentant les caractères de la contrebande de guerre. Et, à cet égard, il n'y a pas évidemment à distinguer suivant que les marchandises sont des articles de contrebande absolue ou des articles de contrebande conditionnelle, suivant qu'elles sont rangées de plein droit dans la catégorie des objets de contrebande ou qu'elles ont été ajoutées à la liste de contrebande au moyen d'une déclaration notifiée de l'ennemi.

En mentionnant séparément, pour les déclarer saisissables, d'une part, le numéraire, les fonds et valeurs exigibles et les armes et, d'autre part, les marchandises ayant le caractère de contrebande de guerre, la Commission a nettement établi que les premiers de ces objets devaient être soumis à saisie alors même qu'ils ne constituent pas de la contrebande de guerre, c'est-à-dire alors même qu'ils n'ont pas une destination ennemie ; elle a donc donné à la notion de la contrebande de guerre dans les rapports entre belligérants le même sens que dans les rapports entre belligérants et neutres.

A ces objets la majorité de la Commission a, enfin, sur la demande de M. Dupuis, « pour obtenir la symétrie des règles de la guerre sur terre et de la guerre sur mer », ajouté « toute marchandise en provenance ou à destination d'entreprises agricoles, industrielles ou commerciales de l'Etat ». C'était admettre que la propriété publique sera susceptible d'être capturée toutes les fois qu'elle constituera au sens juridique un fruit ou un revenu, qu'elle ne sera soumise à saisie temporaire que si elle est un capital. Une pareille exception au principe de la retenue ne laissait pas d'être assez grave : elle avait en définitive pour conséquence de détruire à peu près entièrement ce principe. Dès lors que tous les produits de l'agriculture, du commerce et des industries de l'Etat seront passibles de capture, on ne voit pas en effet quelles pourront être, en dehors de ces marchandises, auxquelles il faut ajouter les objets spécialement dénommés dans le texte de la Commission, les choses de l'Etat encore soumises à une simple retenue. Les marchandises de l'Etat se trouveront ainsi finalement — ce qui n'est peut-être pas très rationnel — traitées avec une rigueur plus grande que ses propres navires.

Telles sont les solutions que la Commission a cru devoir adopter pour déroger, dans un sens qui l'aggravait, à la règle de la saisie temporaire. A-t-elle admis également des exceptions destinées à l'adoucir ?

M. Kaufmann, dans l'article qu'il avait proposé à la Commission, avait demandé que « le numéraire, les fonds et les valeurs exigibles, les armes, moyens de transport, stocks et approvisionnements et, en général, toute marchandise de nature à servir aux opérations de la guerre », qu'il proclamait saisissables, fussent soustraits à la saisie lorsqu'ils étaient « destinés à l'usage du navire où ils sont trouvés ainsi qu'à l'usage de l'équipage et des passagers de ce navire pendant la traversée, et si le navire qui les transporte, lui-même, n'était pas sujet à saisie ». La Commission, dans le texte qu'elle a arrêté, n'a inséré aucune disposition de ce genre : la destination des objets dont il est ici question ne saurait donc les faire échapper, suivant les cas, ni à la saisie pure et simple, ni à la saisie temporaire.

La 20ᵉ Commission s'est, au contraire, montrée moins rigoureuse à un autre égard. Sur la proposition de M. Kaufmann, elle a — ce que n'avait pas fait le projet — indiqué certaines choses qui en principe, bien qu'appartenant à l'Etat, ne pourront pas être retenues et devront être respectées : ce sont les objets et matériaux qui servent exclusivement à soigner les malades et les blessés, et les biens meubles consacrés aux cultes, à la charité et à l'instruction, aux arts et aux sciences, à condition qu'il n'y ait pas

3

des appréhensions sérieuses que, vu la valeur de ces biens, l'adversaire puisse les utiliser pour les buts de la guerre en les vendant ou en les réalisant autrement. Mais elle n'a point prévu ces exceptions dans le texte même de l'article 35 ; comme celles-ci doivent exister aussi bien lorsque les choses sont chargées sur un navire public que quand elles se trouvent à bord d'un navire privé, elle en a fait l'objet de dispositions communes dans une autre partie du Manuel (1).

En tant qu'il s'occupait du sort des marchandises, l'article 35 du projet, devenu l'article 33 du texte de la Commission, a reçu encore, de la part de celle-ci, deux modifications de moindre importance.

1° Cet article, dans sa rédaction primitive, parlait indifféremment, en leur attribuant une signification identique, de la « propriété » et des « marchandises » publiques ou privées. La Commission a estimé qu'il ne fallait employer que l'une ou l'autre de ces expressions, car celles-ci n'étaient pas vraiment synonymes : le mot marchandises implique l'idée de choses susceptibles d'être vendues ; le terme propriété est plus général. C'est de ce dernier terme qu'elle a décidé de se servir.

2° L'article 35, après avoir déclaré les marchandises privées « insaisissables », stipulait que la propriété publique pouvait être « réquisitionnée avec indemnité ». M. Dupuis a contesté qu'on dût payer une indemnité pour la réquisition de la propriété publique. Il s'est, d'autre part, demandé s'il ne résultait pas des dispositions de l'article « exemptant de saisie » les marchandises privées l'impossibilité de réquisitionner ces marchandises, ce qui évidemment irait trop loin. Mais M. Edouard Rolin Jaequemyns lui a très justement répondu que, dans le langage du projet, l'expression « exemption de saisie » appli-

(1) V. plus loin, p. 88.

quée à la propriété privée ne s'opposait nullement à sa réquisition. De fait, la réquisition des navires et des marchandises privées a été envisagée dans deux textes spéciaux du projet, les articles 54 et 55 ; si dans d'autres articles, et notamment dans l'article 35, il a été fait, à propos de la propriété publique, allusion à la réquisition, c'est simplement en tant que celle-ci pouvait être substituée à la saisie temporaire. Pour éviter, à cet égard, toute interprétation erronée, la 20ᵉ Commission a décidé, sur la proposition de M. Edouard Rolin Jaequemyns, de ne traiter du droit de réquisition qu'en un seul endroit du Manuel, dans des dispositions qui lui seraient particulières (1).

L'article 35 du projet, tel qu'il a été finalement adopté par la Commission, s'est trouvé rédigé de la façon suivante :

« *Les navires privés, de nationalité ennemie, sont exempts de capture et même de saisie, sauf les exceptions ci-après indiquées.*

« *La propriété privée se trouvant à bord de ces navires est exempte de saisie, à moins qu'elle ne présente les caractères de la contrebande de guerre.*

« *La propriété publique se trouvant à bord de ces navires peut être retenue sans indemnité, mais à charge de restitution après la guerre ; toutefois sont sujets à saisie le numéraire, les fonds et les valeurs exigibles, les armes, ainsi que toute marchandise présentant les caractères de la contrebande de guerre, et toute marchandise en provenance ou à destination d'entreprises agricoles, industrielles ou commerciales de l'Etat* ».

Art. 36. — *Sont susceptibles de capture avec leur chargement, comme des navires neutres accomplissant les*

_____

(1) V. plus loin, art. 54 et suiv., p. 99.

mêmes actes, les navires privés ennemis qui participent d'une façon quelconque aux hostilités ou commettent d'autres actes qui sont interdits aux neutres comme assistance hostile.

Il en est de même si, sommés de s'arrêter pour être soumis à la visite, ils essayent de s'y soustraire par la force ou par la fuite.

I. — En proclamant l'inviolabilité des *navires* privés, de nationalité ennemie, le Manuel en fait, en réalité, de véritables navires neutres. Ils doivent donc, comme des navires neutres, éviter d'accomplir aucun acte de nature hostile ; et, s'ils commettent quelque acte de cette nature, il faudra les traiter comme le seraient en pareil cas les navires neutres. Ils seront dès lors susceptibles de capture. C'est ce qu'a décidé le projet de Manuel, et c'est ce qu'a admis également la Commission en ajoutant toutefois, sur une observation de M. Kaufmann, pour l'hypothèse prévue, la sanction de la « saisie » à celle de la capture. Il est, en effet, certaines hypothèses où un navire qui participe aux hostilités peut être saisi sans pouvoir être capturé : tel serait, par exemple, aux termes de la Déclaration de Londres (art. 40), le cas d'un navire qui a à bord des marchandises de contrebande ne formant pas, par leur valeur, leur poids, leur volume ou leur frêt, plus de la moitié de la cargaison.

Quels sont exactement les actes interdits, sous peine de capture ou de saisie, aux navires privés, de nationalité ennemie ? L'article 36, se conformant au procédé suivi dans l'article 49 du Manuel d'Oxford relatif aux navires exempts de saisie à raison de leur caractère particulier, n'a pas donné de ces actes une énumération détaillée, mais s'est borné à cette formule générale qui les résumait : les navires manquent à leurs obligations lorsque, a-t-il dit, ils

« participent d'une façon quelconque aux hostilités ou commettent d'autres actes qui sont interdits aux neutres comme assistance hostile ». Et, suivant ici encore les errements du Manuel d'Oxford, l'article 36 faisait rentrer dans les actes de participation aux hostilités le transport de contrebande de guerre et la violation de blocus. La Commission, tout en admettant que le transport de contrebande et la violation de blocus constituent vraiment des actes de participation aux hostilités, a jugé, conformément à une proposition de M. Kaufmann et sur l'observation de M. Edouard Rolin Jaequemyns, qu'il serait préférable, au point de vue pratique, de les mentionner spécialement comme cas d'application de la participation aux hostilités.

Quel sera le sort de la *propriété* existant à bord des navires privés qui se livrent à des actes hostiles ? La propriété doit être traitée sur ces navires comme serait celle se trouvant à bord de navires neutres accomplissant les mêmes actes. C'est à ce simple renvoi général que se bornait l'article 36 du projet : en procédant de la sorte, il se conformait à ce qui avait été fait pour le Manuel d'Oxford basé sur le droit de capture ; en effet, alors que le projet de ce Manuel était, à ce sujet, entré dans les détails (articles 60 et suivants du projet du 30 septembre 1912, *Annuaire de l'Institut de droit international*, t. XXVI, p. 94 et suiv.), la Commission chargée de l'examiner s'est refusée à préciser les conséquences résultant de l'accomplissement d'actes hostiles (art. 51 du projet de la Commission, *Annuaire*. t. XXVI, p. 382 ; rapport de M. Paul Fauchille du 10 juin 1913, p. 106 et suiv., *Annuaire*, t. XXVI, p. 277 et suiv.), et c'est à cette dernière solution que l'Institut s'est rallié à Oxford (art. 49) (*Annuaire*, t. XXVI, p. 655). M. Kaufmann, dans les articles 55 et 60 de la proposition écrite qu'il a, le 28 février 1914, soumise à la 20ᵉ Commission, s'était prononcé pour un retour au système suivi dans le premier projet du Manuel d'Oxford. M. Paul Fauchille a insisté également au sein de la Commission pour que des détails plus circonstanciés fussent donnés dans l'article 36 en ce qui concerne le sort des marchandises : le Manuel gagnerait ainsi de pouvoir se suffire à lui-même. La Commission a finalement accepté cette manière de procéder, et elle l'a appliquée successivement, dans des paragraphes distincts, tant à l'égard de la propriété privée qu'à celui de la propriété publique.

S'inspirant de l'article 55 de la proposition de M. Kaufmann, qui avait consacré les solutions données par les articles 21, 39 et 42, 45, alinéa 2, et 46, alinéa 2 de la Déclaration de Londres du 26 février 1909, elle a décidé que les marchandises *privées* ennemies sont sujettes à saisie dans les cas suivants : 1° si les marchandises ont le caractère de contrebande de guerre ou si elles appartiennent au propriétaire d'articles de contrebande de guerre qui se trouvent à bord du même navire ; 2° si le navire est reconnu coupable de violation de blocus, à moins qu'il ne soit prouvé qu'au moment où la marchandise a été embarquée le chargeur n'a ni connu ni pu connaître l'intention de violer le blocus ; 3° si les marchandises appartiennent au propriétaire du navire privé ennemi sur lequel elles sont chargées et si ce navire participe d'une façon quelconque aux hostilités ou commet d'autres actes qui sont interdits aux neutres comme assistance hostile.

La 20° Commission s'est occupée ensuite du sort de la propriété *publique*. Cette propriété, on l'a vu, lorsqu'elle se trouve sur un navire privé qui a un caractère pacifique, est, d'après l'article 33 du projet de la Commission (ancien article 35 du projet), soumise, suivant les cas, à simple retenue ou à saisie. Il n'y a pas, évidemment à parler du sort de la propriété publique susceptible de saisie quand elle est transportée sur un navire coupable d'actes hostiles : le traitement qu'elle doit subir ne saurait être aggravé puisqu'il a déjà atteint le maximum de rigueur. C'est donc seulement le régime de la propriété publique sujette à retenue qu'il faut prévoir dans l'article 36, devenu l'article 34 du projet de la Commission. Cette dernière a décidé qu'à bord des navires accomplissant des actes hostiles cette propriété devait être traitée comme la propriété privée. Elle a, en effet, libellé ainsi qu'il suit la disposition la concernant : « Les règles indiquées aux 1° et 2° ci-dessus (pour la propriété privée) sont applicables à la propriété publique ennemie qui se trouve à bord de ces navires et qui ne serait sujette qu'à simple retenue en vertu des dispositions de l'article 33 (ancien article 35 du projet) ». Il s'en suit dès lors qu'au cas où un navire privé se livrant à des actes hostiles transporte de la propriété publique sujette à retenue, celle-ci devra être frappée de saisie si l'Etat auquel elle appartient a sur le même navire des articles de contrebande de guerre ou s'il a connu ou pu connaître, au moment de l'embarquement de sa marchandise, que le navire privé qui la chargeait avait l'intention de violer un blocus. Mais, en dehors de ces circonstances, la propriété publique ne devra pas être traitée autrement qu'elle ne le serait à bord d'un navire ne participant pas aux hostilités : elle sera sujette à simple retenue. Quelle sera la situation de cette propriété si elle se trouve sur un navire privé qui commet un acte d'assistance hostile ou un acte de participation aux hostilités autre qu'un transport de contrebande ou une violation de blocus ? Dans une pareille hypothèse, s'il s'agissait d'une propriété privée, celle-ci, aux termes du 3° de l'article 34 du projet de la Commission, ne pourrait être saisie que si elle appartenait au propriétaire du navire à bord duquel elle a été chargée. Cette solution ne saurait évidemment être donnée en ce qui concerne la propriété publique, puisqu'il est impossible que la situation à laquelle elle s'applique se produise pour cette propriété, la propriété publique chargée sur un navire privé ne pouvant jamais appartenir au propriétaire de ce navire. C'est pour cette raison que la Commission n'a point renvoyé au 3° comme aux 1° et 2° de l'article. Elle n'avait, en conséquence, aucune allusion à faire au sort de la propriété publique dans l'hypothèse dont il est ici question. Celle-ci, ne pouvant être saisie dans les conditions où le serait la propriété privée, demeurera simplement assujettie à retenue dans les termes du droit commun de l'article 35 (article 33 du projet de la Commission), quoique le navire qui la porte soit susceptible de capture ou de saisie.

C'est un système différent que M. Kaufmann avait proposé à la Commission d'adopter. Il lui avait demandé de soumettre la propriété publique, sur les navires se livrant à des actes hostiles, à un traitement plus rigoureux que la propriété privée, en ce sens qu'elle devrait être toujours, et sans distinction, passible de saisie : que l'Etat ait ou non sur le navire des articles de contrebande, qu'il ait ou non connu ou pu connaître l'intention du navire de forcer un blocus, que le navire se soit rendu coupable d'un transport de contrebande, d'une violation de blocus ou de tout autre acte hostile. L'article 60 de ses observations écrites, plus général que l'article 55 de ces observations relatif à la propriété privée, était en effet ainsi conçu : « Les objets et matériaux qui appartiennent à l'Etat ennemi et qui, chargés sur un navire privé ennemi, sont sujets à être saisis moyennant l'obligation de les restituer après la guerre sans indemnité ou à être réquisitionnés à charge d'indemnité, sont sujets à saisie, si le navire qui les transporte : 1° est reconnu coupable de violation de blocus ; ...3° participe d'une façon quelconque aux hostilités ou commet d'autre actes qui sont interdits aux neutres comme assistance hostile ». M. Kaufmann allait même plus loin encore en déclarant saisissable la propriété publique susceptible de retenue, lorsque le navire, sur lequel elle est chargée, transportait en même temps des choses appartenant à l'Etat qui, tout en ne constituant pas de la contrebande, étaient passibles de saisie comme de nature à servir aux opérations de la guerre.

M. Kaufmann aurait aussi voulu que, dans l'article 36 (34 de la Commission), on employât, pour désigner les marchandises appartenant à l'Etat, l'expression « biens meubles de l'Etat » : c'est en effet l'expression dont on s'est servi dans l'article 53 des Règlements de la Haye de 1899 et de 1907. Mais M. Edouard Rolin Jaequemyns s'est opposé à l'adoption de cette terminologie, le mot « meubles » ayant un sens trop spécial. Tel a été également l'avis de la Commission. Celle-ci, par quatre voix contre une, a décidé, sur la proposition de M. Hagerup, de remplacer le terme « marchandises » par celui de « propriété ».

L'article 36, § 1, du projet primitif, devenu l'article 34 du projet de la Commission, a été, en fin de compte, rédigé de la manière suivante :

« *Sont susceptibles de capture ou de saisie, comme les navires neutres accomplissant les mêmes actes, les navires privés ennemis qui transportent de la contrebande de guerre, violent un blocus ou en général participent d'une façon quelconque aux hostilités ou commettent d'autres actes qui sont interdits aux neutres comme assistance hostile.*

« *Les marchandises privées ennemies transportées à bord de ces navires sont sujettes à saisie :*

« *1° si les marchandises ont le caractère de contrebande de guerre ou si elles appartiennent au propriétaire d'articles de contrebande de guerre qui se trouvent à bord du même navire ;*

« 2° *si le navire est reconnu coupable de violation de blocus, à moins qu'il ne soit prouvé qu'au moment où la marchandise a été embarquée le chargeur n'a ni connu ni pu connaître l'intention de violer le blocus ;*

3° si les marchandises appartiennent au propriétaire du navire privé ennemi sur lequel elles sont chargées et si ce navire participe d'une façon quelconque aux hostilités, ou commet d'autres actes qui sont interdits aux neutres comme assistance hostile.

« *Les règles indiquées aux 1° et 2° ci-dessus sont applicables à la propriété publique ennemie qui se trouve à bord de ces navires et qui ne serait sujette qu'à simple retenue en vertu des dispositions de l'article 33* ».

II. — L'article 36 du projet primitif contenait un second alinéa déclarant également susceptibles de capture avec leur chargement, comme des navires neutres accomplissant les mêmes actes, les navires privés ennemis qui, « sommés de s'arrêter pour être soumis à la visite, essayent de s'y soustraire par la force ou par la fuite ».

Le projet renfermait, d'autre part, un article 34 ainsi conçu : « Sont passibles de saisie les navires qui ne possèdent aucuns papiers de bord, ont caché ou détruit intentionnellement ceux qu'ils possédaient ou en présentent de faux ».

La Commission a été d'accord pour admettre au fond ces deux dispositions ; mais elle a décidé, sur la proposition de M. Paul Fauchille, de les réunir en un seul article qui a été libellé comme suit :

« *Sont susceptibles de capture les navires privés ennemis qui, sommés de s'arrêter pour être soumis à la visite, essayent de s'y soustraire par la force ou par la fuite et ceux qui ne possèdent aucuns papiers de bord, ont caché ou détruit intentionnellement ceux qu'ils possédaient ou en présentent de faux* ».

C'est, en définitive, la solution qui est consacrée pour les navires neutres, en cas d'absence ou de falsification des papiers de bord, par la coutume internationale et, en cas de résistance à la visite, par l'article 63 de la Déclaration de Londres.

Il fallait aussi envisager spécialement le sort de la propriété privée et de la propriété publique ennemies existant sur de pareils navires.

Une divergence de vues s'est manifestée au sujet de la propriété privée entre certains membres de la Commission. M. Edouard Rolin Jaequemyns a émis l'opinion que cette propriété devait être déclarée saisissable quel que fût son propriétaire. M. Kaufmann a, au contraire, proposé de ne proclamer telle que la propriété appartenant au propriétaire ou au capitaine du navire coupable. Cette dernière solution est celle qu'avait adoptée la Déclaration navale de Londres (art. 63) dans l'hypothèse d'une résistance à la visite. C'est à elle que la Commission s'est ralliée.

Il ne pouvait s'agir de l'étendre à la propriété publique, car celle-ci se trouvant sur un navire privé ne peut appartenir ni au propriétaire ni au capitaine de ce navire. La 20e Commission a d'abord décidé que les marchandises publiques, se trouvant à bord de navires résistant à la visite ou n'ayant pas de papiers de bord réguliers, étaient sujettes à saisie « dans les limites indiquées aux 1° et 2° de l'article 34 du projet de la Commission » (art. 36 du projet primitif), c'est-à-dire seulement si l'Etat a sur le même navire des articles de contrebande ou s'il a connu ou pu connaître l'intention du navire de violer un blocus, ce qui ne soumettait, en dehors de ces cas, la propriété publique qu'à simple retenue, en vertu de la règle générale de l'article 33 (35). Mais, finalement, à la demande de M. Kaufmann, elle a supprimé la référence aux limites fixées dans les 1° et 2° de l'article 34, ce qui rendait la propriété publique purement et simplement sujette à saisie. Il s'en suit, grâce à cette modification, que la propriété publique sera en principe traitée plus rigoureusement sur un navire résistant à la visite ou ne possédant pas des papiers de bord réguliers que sur un navire commettant un acte d'assistance hostile ou participant d'une façon quelconque aux hostilités. N'y a-t-il pas là un défaut d'harmonie ? N'est-il pas, en outre, un peu excessif de faire supporter au propriétaire de la marchandise les conséquences d'un fait reprochable uniquement au maître du navire et qu'il ne pouvait empêcher ?

L'alinéa 2 de l'article constitué par la réunion des articles 34 et 36, § 1, du projet primitif a été effectivement formulé par la Commission dans les termes suivants :

« *Les marchandises appartenant au capitaine ou au propriétaire de ces navires ainsi que la propriété publique ennemie se trouvant à leur bord sont sujettes à saisie* ».

III. — A quelle place convenait-il de mettre, dans le Manuel, l'article ainsi rédigé dans ses deux alinéas ? Après une courte discussion, la Commission a décidé d'insérer cet article immédiatement après l'article 34 de son projet, relatif aux navires qui se livrent à des actes hostiles.

Art. 37. — *Lorsqu'un navire privé relevant d'une des puissances belligérantes, qui présente un caractère d'assistance hostile aux termes de l'article 36, alinéa 1, se trouve, au début des hostilités, dans un port ennemi, il lui est permis de sortir librement, immédiatement ou après un délai suffisant, et de gagner directement, après avoir été muni d'un laisser-passer, son port de destination ou tel autre port qui lui sera désigné.*

Il en est de même du navire ayant quitté son dernier

port de départ avant le commencement de la guerre et entrant dans un port ennemi sans connaître les hostilités.

Le navire privé présentant un caractère d'assistance hostile qui, par suite de circonstances de force majeure, n'aurait pu quitter le port ennemi pendant le délai visé aux alinéas précédents ne peut être capturé. Le belligérant peut seulement le saisir moyennant l'obligation de le restituer après la guerre sans indemnité, ou le réquisitionner moyennant indemnité.

Art. 38. — Les navires privés ennemis présentant un caractère d'assistance hostile, qui ont quitté leur dernier port de départ avant le commencement de la guerre et qui sont rencontrés en mer ignorants des hostilités, ne peuvent être capturés. Ils sont seulement sujets à être saisis moyennant l'obligation de les restituer après la guerre sans indemnité, ou à être réquisitionnés ou même à être détruits, à charge d'indemnité, et sous obligation de pourvoir à la sécurité des personnes ainsi qu'à la conservation des papiers de bord.

Néanmoins, au cas où ces navires seraient rencontrés en mer avant l'expiration d'un délai suffisant à accorder par le belligérant, la saisie ne peut être opérée. Les navires ainsi rencontrés sont libres de gagner leur port de destination ou tel autre port qui leur serait désigné.

Après avoir touché à un port de leur pays ou à un port neutre, ces navires sont soumis au droit de capture conformément à l'article 36.

Art. 39. — Les marchandises constituant une assistance hostile et celles appartenant à l'Etat ennemi, qui se trouvent à bord des navires visés à l'article 37 et à l'article 38, alinéas 1 et 2, peuvent être retenues, alors même que les navires ne sont pas passibles de saisie ; elles seront restituées après la guerre sans indemnité, sauf à être réquisitionnées moyennant indemnité.

On peut supposer que des navires privés aient été, antérieurement aux hostilités, chargés par leur gouvernement
de ramener des troupes d'une colonie lointaine dans la
métropole, ou qu'ils aient pendant la paix embarqué des
objets qui constitueraient en cas de guerre des articles de
contrebande pour les transporter vers un territoire ou à
destination d'autorités de leur nationalité. Ces navires se
trouvent ou entrent dans un port ennemi au début des
hostilités, sans les connaître, ou sont, au commencement
de la guerre, dans l'ignorance de celle-ci, rencontrés en
mer par un bâtiment de l'adversaire. A quel traitement
faut-il les soumettre ? Quel sera, vis-à-vis de ces navires et
de leur chargement, l'effet de la déclaration de guerre :
celle-ci aura-t-elle ou non des conséquences sur l'opération
commencée en temps de paix ?

La question qui se pose ainsi se présente fréquemment
en droit interne : une loi nouvelle modifie, dans un pays,
une certaine situation légale ; s'appliquera-t-elle à ceux
qui bénéficiaient antérieurement de cette situation ? On
admet une semblable application. « Si la loi, dit notamment
M. Duguit (1), ne peut pas s'appliquer aux manifestations
de volonté individuelle antérieures à sa promulgation, elle
s'applique, au contraire, aux situations légales existant au
moment de sa promulgation. La situation sera modifiée
par la loi, alors même qu'elle soit née à la suite d'un acte
juridique régulier d'après la loi en vigueur au moment où
il a été fait. On ne peut point dire que la loi, en s'appliquant à la situation légale déjà née, soit rétroactive, s'applique à un acte juridique antérieur à elle et en modifie
les effets... C'est ainsi que les lois du 4 août 1789 et du
28 mars 1790, supprimant sans indemnité les droits féodaux ayant le caractère de servitude personnelle et décla-

_____

(1) *Traité de droit constitutionnel*, 1911, t. I, p. 182-184.

rant rachetables tous les autres droits féodaux, s'appliquèrent, sans qu'il y eût aucun effet rétroactif, même à ceux qui étaient devenus régulièrement titulaires de ces droits sous l'empire de la législation ancienne et avant les lois nouvelles ». Cette solution apparaît en tout cas légitime surtout lorsqu'on se trouve en présence d'une situation complexe composée d'un acte initial suivi d'actes successifs dont la perpétration, commencée avant la loi nouvelle, se poursuit sous l'empire de cette dernière : la loi récemment promulguée laisse intact le fait initial et ceux qui ont suivi sous la législation ancienne, mais elle atteint tous les faits qui, dérivant de l'acte initial, se sont passés depuis le jour de sa promulgation. Voici, par exemple, un prêt à intérêts à 6 % consenti sous l'empire d'une loi qui déclare usuraires seulement les prêts à 7 % : une loi nouvelle proclame usuraires les prêts à 6 % : le prêteur ne pourra plus, à compter de cette loi, sans commettre le délit d'usure, exiger de l'emprunteur le versement d'intérêts à 6 % : ce versement, légitime avant la loi, devient après elle, délictueux. Et il en sera ainsi alors même qu'en fait l'intéressé ignorerait la loi nouvelle. Une pareille conséquence peut, cependant, dans certains cas, blesser le sentiment de la justice. Aussi, pour respecter les idées d'équité, le législateur y apporte-t-il parfois des tempéraments : il permet de poursuivre, pendant un certain délai après la loi nouvelle, l'opération commencée antérieurement. C'est ce qu'a fait la loi française du 20 juillet 1909, qui a interdit l'emploi du blanc de céruse : cette loi a frappé même les fabricants de céruse dont les usines étaient constituées avant sa promulgation, de sorte qu'ils commettraient désormais un acte illicite s'ils continuaient à fabriquer de la céruse ; mais, ayant égard au fait que de telles usines ont été établies à un moment où la fabrication du blanc de céruse n'était pas considérée comme interdite,

elle en a autorisé les propriétaires à continuer leur industrie pendant un délai de cinq années.

On n'aperçoit aucun motif de ne point appliquer ces
règles du droit interne en matière internationale. Les Etats
proclament des lois dans leurs rapports respectifs comme
à l'intérieur de leur propre territoire ; pourquoi ces lois
ne produiraient-elles pas des effets identiques ? La puissance qui, sous la forme d'un avertissement préalable ou
en accomplissant un acte d'hostilité, déclare expressément
ou tacitement la guerre à une autre, substitue, par la promulgation d'une véritable loi, à l'état de paix, un état
nouveau qui entraîne à divers points de vue d'importantes
conséquences. Il en est une sur laquelle il ne saurait y
avoir d'hésitations. Désormais, les sujets de chacun des
Etats belligérants devront s'abstenir de faire certains chargements et certains transports : ces chargements et ces
transports qui, en temps de paix, étaient absolument réguliers, deviennent instantanément des actes interdits.
Cet effet de la déclaration de guerre ne s'appliquera pas
seulement aux chargements et aux transports qui seront
opérés après l'ouverture des hostilités ; il atteindra encore
ceux qui, commencés avant elle, seront en cours d'exécution. De semblables opérations présentent, dans la
réalité, un caractère complexe : elles comprennent un acte
initial, l'embarquement des objets, qui est définitif une fois
qu'il a été opéré, et des faits successifs, des actes de transport des articles embarqués, qui se renouvellent indéfiniment jusqu'à l'arrivée à destination. L'acte initial du chargement, réalisé pendant la paix, demeurera à coup sûr valable,
ainsi que les transports successifs qui ont eu lieu avant la
déclaration de guerre ; mais les transports opérés à partir
de cette déclaration devront être réputés illicites : ils
constitueront des actes de participation aux hostilités
ou des actes d'assistance hostile, et dès lors les navires

qui les ont accomplis devront subir les conséquences qu'entraînent de pareils actes : ils pourront être frappés de saisie ou de capture, quand même ils ignoreraient les hostilités ; à partir du moment où ils sont entrés en con- tact avec le belligérant adverse, ils ne sauraient plus, en tout cas, arguer de leur ignorance. Cette solution, pour juridique qu'elle soit, ne laisse pas toutefois d'être rigou- reuse ; car, en définitive, c'est en pleine paix, d'une ma- nière absolument régulière, qu'a eu lieu l'embarquement des troupes et des choses devenues, par l'effet de la guerre, des articles d'assistance hostile ou de contrebande. On conçoit donc que l'équité suggère d'apporter ici certaines atténuations. Celles-ci consisteront dans l'octroi aux na- vires d'un délai suffisant pour sortir du port ennemi dans lequel ils se trouvaient ou sont entrés au commencement de la guerre, et pour continuer leur voyage. L'équité exi- gerait que le délai conféré à ces navires leur permît de liquider complètement leurs opérations en amenant à des- tination les objets qu'ils ont embarqués. Mais ici intervient une nouvelle idée dont il convient aussi de tenir compte. Cette idée est celle du droit de conservation de l'Etat en- nemi. Les intérêts de cet Etat seraient sérieusement com- promis s'il devait laisser sortir de ses ports ou continuer leur voyage, avec le navire qui les porte, les marchandises appartenant à son adversaire et les articles de contre- bande ou d'assistance hostile à destination de ce dernier ; il ne faut pas qu'il livre à celui-ci des objets qui aideront au maintien de son commerce ou qu'il utilisera contre lui pour des besoins guerriers. Les objets en question ne pourront donc être déclarés libres, même sur un navire non soumis à saisie parce qu'il se trouve dans le délai où il doit demeurer en liberté. Ils ne seront pas, toute- fois, passibles de confiscation, comme ils le seraient s'ils avaient été chargés au cours des hostilités ; parce que le commerce dans lequel le navire est engagé remonte à un moment où il n'y avait pas encore de guerre, et où, par suite, tous les objets avaient un caractère pacifique, ils seront simplement retenus, sauf restitution à la paix sans indemnité. Le navire, après le délai de liberté qui lui aura été octroyé, redeviendra, conformément aux principes, sujet à saisie, ou plus exactement à simple retenue en considération du fait que son activité a pris naissance en un temps où elle n'avait rien de répréhensible.

Telles sont les conclusions qu'avait adoptées, dans ses articles 37, 38 et 39, le projet soumis à la Commission. Elles ont, en tant du moins qu'elles se rapportent au sort des navires, soulevé, au sein de celle-ci, d'assez vives critiques, dans deux sens diamétralement opposés.

M. Kaufmann, qui les avait approuvées par les articles 49 et 50 de ses propositions écrites, les a trouvées trop douces. Il a estimé qu'on devait refuser aux navires tout délai pour s'en aller et poursuivre leur route, qu'il fallait les soumettre immédiatement à la saisie.

M. Edouard Rolin Jaequemyns les a, au contraire, jugées trop rigoureuses. Il a pensé que les navires dont les opérations ont commencé antérieurement aux hostilités devaient, d'une manière générale, être exempts de saisie et même de retenue. Ces navires, en s'y livrant, n'ont, en réalité, commis aucune faute. Leurs opérations ne peuvent être décomposées, mais doivent être envisagées dans leur ensemble; et, pour les caractériser, il faut se placer à l'époque où elles ont été entreprises ; or, à ce moment, comme les hostilités n'étaient pas encore ouvertes, elles n'avaient rien d'illicite. La guerre doit demeurer sans conséquence sur des actes dont l'origine lui est antérieure.

C'est à l'opinion ainsi émise par M. Rolin Jaequemyns que se sont ralliés MM. Dupuis et Hagerup. La 20ᵉ Commission a, en conséquence, décidé, à la majorité de ses membres, de supprimer les articles 37 et 38 du projet et de maintenir seulement l'article 39 qu'elle a, sous le n° 36, rédigé dans les termes suivants :

« *Les navires privés qui se trouvent dans un port ennemi ou y entrent à l'ouverture des hostilités sans les connaître, ou sont rencontrés en mer dans l'ignorance de celles-ci, ne sont soumis ni à saisie ni à retenue.*

« *Toutefois les marchandises privées présentant les caractères de la contrebande de guerre et la propriété publique se trouvant sur ces navires peuvent être retenues sans indemnité* ».

M. Strisower, dans ses observations écrites, avait accepté la rédaction du projet soumis à la Commission, en lui faisant subir toutefois certaines modifications pour la mettre en harmonie avec l'article 43 de la Déclaration de Londres et la faire cadrer avec des idées qu'il avait proposées au sujet de l'article 35 :

« Les articles 37 à 39, déclarait M. Strisower, contiennent certaines exceptions à la règle posée dans l'article 36. Sans ces articles, un navire privé ennemi « qui présente un caractère d'assistance hostile aux termes de l'article 36, alinéa 1 » (1) et qui se trouverait, au début des hostilités, dans un port de l'autre État ou y entrerait sans connaître les hostilités, etc., serait traité comme un navire neutre est traité dans les mêmes conditions. Peut-être devrait-on se contenter de ce résultat ; mais le projet propose certaines règles spéciales pour ce cas. Elles sont assez semblables à celles qu'il adopte plus loin pour les navires publics dans les mêmes conditions (article 44) et aussi à celles établies par le Manuel d'Oxford dans le système de

---

(1) « L'article emploie probablement le terme « assistance hostile » dans son sens large et comprend par ce mot tout ce qui est indiqué dans l'article 36. »

la capture (articles 36 et suiv.) ; elles sont, à certains égards, plus sévères que celles auxquelles les navires neutres sont soumis (comp. p. ex. l'article 38 du projet et l'article 43 de la Déclaration de Londres).

« Il y a sans doute des raisons qui recommandent le point de vue du projet. Pourtant, si on l'accepte, je me permets d'abord la proposition de changer le texte de l'alinéa 1 de l'article 38 de cette manière : « Ne peuvent être capturés les navires privés, etc..., rencontrés en mer ignorants des hostilités, ou avant que le capitaine, après avoir eu connaissance des hostilités, eût pu décharger les marchandises ou débarquer les personnes dont le transport constitue l'assistance hostile. Ils sont seulement sujets, etc. »

« Puis on ne devrait prononcer, à mon avis, dans l'article 39, la saisie des marchandises existant à bord des navires laissés libres qu'à l'égard de celles qui ont le caractère de contrebande de guerre. En soumettant toujours aussi les marchandises *appartenant à l'État ennemi*, au début de la guerre, à la saisie temporaire sans indemnité, etc., il me paraît que nous serions plus rigoureux que l'article 39 du Manuel d'Oxford ne l'est dans le système de la capture, lorsqu'il s'agit de navires qui ne sont pas soumis à la saisie. Mais il faut alors restreindre dans le même sens, au début des hostilités, la saisie des marchandises qui se trouvent à bord de tous les navires privés, et non pas seulement de celles qui se trouvent à bord des navires présentant un caractère d'assistance hostile. Enfin, il faut mettre l'article en harmonie avec la formule proposée pour l'article 35, alinéa 2. Je propose, par conséquent, pour l'article 39, le texte qui suit : « Les marchandises existant à bord des navires, qui se trouvent au début des hostilités dans un port ennemi, ou qui, ayant quitté leur dernier port de départ avant le commencement de la guerre, entrent dans un port ennemi sans connaître les hostilités, et qui quittent ce port avant l'expiration d'un délai, qui doit leur être accordé d'une manière suffisante, ou qui, ayant quitté leur dernier port de départ avant le commencement de la guerre, sont rencontrés en mer avant l'expiration d'un délai, qui doit leur être accordé d'une manière suffisante, ne peuvent être saisies qu'en tant qu'elles ont le caractère de contrebande de guerre ; elles seront restituées après la guerre sans indemnité, sauf à être réquisitionnées moyennant indemnité. Quant aux marchandises qui se trouvent sur les autres navires visés à l'article 37 et à l'article 38, elles seront aussi soumises à la saisie et à la réquisition, lorsqu'elles constituent une propriété de l'Etat et sont de nature à servir aux opérations de la guerre ».

M. Dupuis, en ce qui touche le traitement des marchandises de l'Etat ennemi qui se trouvent à bord des navires ignorant les hostilités et comme tels exempts de saisie ou de retenue, avait proposé à la Commission de faire entre ces marchandises une distinction analogue à celle qui avait été établie par elle à l'article 35, alinéa 3. Aux termes de cette disposition, la propriété publique n'est susceptible de simple retenue sur un navire privé ennemi qui a connaissance des hostilités, que si elle ne constitue pas du numéraire, des fonds et des valeurs exigibles, des armes ou des marchandises présentant les caractères de la contrebande de guerre, des marchandises en provenance ou à destination d'entreprises agricoles, industrielles ou commerciales de l'Etat : ces objets doivent être soumis non seulement à retenue, mais à saisie. M. Dupuis aurait voulu que les choses de cette nature fussent également déclarées « saisissables » lorsqu'elles sont à bord de navires entrés dans un port ou rencontrés en mer dans l'ignorance de la guerre. La Commission a refusé d'accepter un pareil système. Faisant sienne une remarque de M. Edouard Rolin, elle a considéré que ce système serait en contradiction avec l'idée, adoptée par elle, que des atténuations doivent être apportées aux principes quand il s'agit d'un transport ayant commencé avant l'ouverture des hostilités, c'est-à-dire à une époque où il n'avait vraiment rien d'illicite : le droit de conservation de l'Etat est alors suffisamment garanti par la seule retenue des objets transportés.

Art. 40. — *Les navires privés dont la construction indique qu'ils sont destinés à être transformés en bâtiments de guerre peuvent être saisis [sans indemnité]* (1) *ou réquisitionnés moyennant indemnité. Ces navires seront restitués après la guerre.*

Il en sera ainsi, même si les navires se trouvent dans un port ennemi ou y entrent à l'ouverture des hostilités sans les connaître ou sont rencontrés en mer dans l'ignorance de celles-ci.

Dans ces cas, les marchandises à bord de ces navires, qui ne sont pas de la contrebande de guerre ou n'appartiennent pas à l'Etat ennemi, sont exemptes de saisie.

---

(1) Mots omis par inadvertance. — Dans l'article 40 correspondant du Manuel d'Oxford, basé sur le droit de capture. il est dit : « Dans tous les cas visés aux articles 36, 37 et 38, les navires publics ou privés dont la construction indique qu'ils sont destinés à être transformés en bâtiments de guerre, peuvent être saisis ou réquisitionnés moyennant indemnité. Ces navires seront restitués après la guerre ». Il ne semble pas cependant que l'intention de l'Institut, en adoptant ce texte, ait été que l'expression « moyennant indemnité » puisse être considérée comme s'appliquant à la fois à la saisie et à la réquisition ; la saisie à laquelle il est fait ici allusion doit s'entendre, dans cet article, comme dans tous ceux où elle a été opposée à la réquisition avec indemnité (V. notamment art. 37 et 39), de là « retenue sans indemnité »: c'est sans doute par l'effet d'un simple oubli que les mots « sans indemnité » ne figurent pas dans le texte. M. Paul Fauchille a attiré, sur ce point, l'attention de la Commission qui a décidé de signaler la difficulté à l'Institut lors de sa session de Munich.

L'inviolabilité dont bénéficient les navires privés ennemis aux termes de l'article 35, alinéa 1 (article 33, alinéa
1 du projet de la Commission) ne saurait évidemment profiter à certains navires qui, à raison de leur nature même,
sont dommageables pour l'adversaire. Il en est ainsi, notamment, des navires privés dont la construction indique qu'ils
sont destinés à être tranformés en bâtiments de guerre :
ce sont en quelque sorte des bâtiments de guerre en puissance. Il n'est pas admissible qu'un belligérant soit obligé
de les laisser entre les mains de son adversaire s'il a le
moyen de s'en emparer. Est-ce à dire qu'il aura le droit
de les confisquer ? Cela serait excessif, car ces navires,
tant qu'ils conservent leur caractère actuel, sont absolument pacifiques. Il suffira, pour éviter qu'ils ne causent
un préjudice, d'en enlever la disposition à l'Etat dont ils
ont la nationalité, en les soumettant simplement à retenue
sous obligation de restitution sans indemnité après la
guerre.

Cette solution, donnée par l'article 40, a été acceptée par
la Commission. Mais plusieurs de ses membres ont
demandé qu'elle ne fût pas restreinte aux seuls navires
que le projet prévoyait expressément. En dehors des navires destinés à être tranformés en bâtiments de guerre,
il en est d'autres en effet au sujet desquels les raisons
de décider paraissent identiques, qui sont aussi de nature
à présenter un danger probable pour l'ennemi : n'y aurait-il
pas une grave imprudence de la part du belligérant à
permettre à ces navires de poursuivre librement leur
route ? M. Edouard Rolin Jaequemyns a, en conséquence,
proposé d'assujettir à retenue sans indemnité les navires
« dont l'aménagement indique qu'ils peuvent être employés aux usages de la guerre ». M. Dupuis a, en outre,
suggéré l'addition d'une idée nouvelle, consistant à tenir
compte non seulement de l'aménagement du navire,

mais encore des contrats qui procèdent à l'activité de ce navire : un navire privé a été affrêté d'une manière permanente par son gouvernement pour le transport de soldats ou de marins ; il devrait pouvoir être retenu par l'adversaire, alors même que celui-ci le rencontrerait sans que des troupes fussent à son bord. La Commission s'est rangée à l'une et à l'autre de ces deux propositions, bien qu'elles constituassent une innovation sur le Manuel d'Oxford de 1913 fondé sur le droit de capture. Mais elle a eu soin de constater qu'il fallait en cette matière montrer une grande prudence afin de ne pas annihiler la règle de l'inviolabilité posée par l'article 35 (article 33 de la Commission). M. Strisower, qui dans ses observations écrites avait envisagé la possibilité de la saisie des navires qui doivent être employés à un service militaire ou hostile, s'y était déclaré opposé : « Il serait trop facile de soutenir que le bâtiment doit être employé à un service hostile ; il faut dès lors, pour éviter des abus, se borner au cas où cette destination hostile résulte de la construction du navire ».

L'article 40, devenu l'article 37, a été, dans sa rédaction nouvelle, libellé comme suit :

« *Les navires privés dont la construction indique qu'ils sont destinés à être transformés en bâtiments de guerre ou dont l'aménagement ou les contrats permettent de présumer leur emploi aux usages de la guerre peuvent être retenus sans indemnité. Ces navires seront restitués après la guerre* ».

Le principe ainsi posé doit-il être admis, même au cas où les navires seraient trouvés dans un port ennemi ou rencontrés en mer à l'ouverture des hostilités, dans l'ignorance de celles-ci ? On ne voit pas qu'il y ait un motif d'adopter à leur égard une solution différente : le danger qu'ils présentent pour l'adversaire est dans ce cas spécial abso-

lument le même. C'est dans ce sens que le projet a statué ;
la Commission en a adopté les conclusions en ces termes :

« *Il en sera ainsi alors même que ces navires se trou-*
veraient dans un port ennemi ou y entreraient à l'ouver-
ture des hostilités sans les connaître ou seraient rencon-
trés en mer dans l'ignorance de celles-ci ».

Mais quel sera, dans l'une et l'autre hypothèses, le sort
des marchandises existant sur les navires ? Il n'y a pas
de raison de traiter ces marchandises, privées ou publiques, plus favorablement sur ces navires que sur des navires privés ordinaires, se trouvant dans la même situation.
Il n'y a, d'autre part, aucun motif pour les soumettre à
un régime plus rigoureux. C'est ce qu'a déclaré le dernier
alinéa de l'article, conformément à ce qu'avait décidé le
projet :

« *Les marchandises privées ou publiques se trouvant à*
bord de ces navires sont soumises aux règles respective-
ment établies à l'article 33 et à l'article 36 ».

Telles sont, avec les modifications que la 20ᵉ Commission leur a fait subir, les dispositions que renfermait le
projet en ce qui concerne les navires privés et leur chargement. M. Kaufmann a proposé de les compléter par un
article relatif à la situation des navires et de la propriété
des communes. Ces navires et cette propriété devraient,
à ses yeux, être traités comme des navires et une propriété privés. Telle est, en effet, la solution qui a été
admise pour les biens des communes dans la guerre sur
terre par l'article 56 des Règlements de La Haye du 29 juillet 1899 et du 18 octobre 1907. M. Edouard Rolin Jaequemyns serait personnellement disposé à les considérer plutôt comme des choses publiques. La Commission s'est rangée
à l'avis de M. Kaufmann.

Aux navires et à la propriété des communes dont M. Kaufmann avait seulement parlé, la 20e Commission a ajouté ceux de toutes autres divisions administratives. Elle a en effet rédigé en ces termes la disposition qu'elle a adoptée comme article 38 du Manuel :

« *Les navires et la propriété des communes ou autres divisions administratives sont traités comme la propriété privée* ».

M. Kaufmann aurait préféré que dans l'article on employât les mots : « biens des communes » au lieu des expressions : « propriété des communes ».

Il résulte de la définition du « navire public » donnée par le Manuel d'Oxford du 9 août 1913, et que le présent Manuel a accepté, que les navires appartenant à des communes ou à d'autres divisions administratives devront, comme ceux appartenant à l'Etat ou à des particuliers, être considérés comme des navires publics « s'ils sont affectés à un service public et se trouvent sous les ordres d'un fonctionnaire dûment commissionné de l'Etat » : c'est la solution qu'avait indiquée M. Kaufmann dans l'article 66, note 3, de ses observations écrites.

Art. 41. — Navires publics. — *Les navires publics, ainsi que les marchandises appartenant à l'Etat qui y sont chargées, sont, sauf les exceptions ci-après indiquées, sujets à être saisis par l'ennemi moyennant l'obligation de les restituer après la guerre sans indemnité ou à être réquisitionnés à charge d'indemnité.*

I. — Ainsi que l'a reconnu le Manuel d'Oxford de 1913 basé sur le droit de capture, on doit considérer comme *publics* « tous navires autres que les bâtiments de guerre qui, appartenant à l'Etat ou à des particuliers, sont affectés à un service public et se trouvent sous les ordres d'un fonctionnaire dûment commissionné de l'Etat ». Mais l'article 41 du projet n'a pas trait à tous les navires publics : il s'occupe seulement de ceux qui ont, en fait, un caractère pacifique ; c'est dans d'autres dispositions du Manuel qu'il est question des navires de l'Etat qui participent d'une manière quelconque aux hostilités ou sont de nature à être affectés à un service belliqueux.

En ce qui concerne les navires employés à un service paisible de l'Etat, comme ceux qui font un transport de personnes ou de marchandises inoffensives ou sont utilisés pour le balisage, la police ou la douane, il est possible de concevoir trois solutions différentes.

On peut dire en premier lieu que, par cela même qu'ils sont au service de l'Etat, ces navires doivent être de la part de l'ennemi assujettis à saisie et à capture.

Mais, en sens inverse, on peut prétendre que, puisqu'ils sont au service *paisible* de l'Etat, ils doivent bénéficier de la même immunité que les navires privés, échapper comme eux à toute espèce de saisie.

C'est à une théorie transactionnelle que le projet soumis à la Commission s'est arrêté : les navires publics affectés à un service de l'Etat dont le caractère n'a rien de belliqueux ne doivent être ni capturés ni déclarés inviolables, ils peuvent simplement être retenus par l'ennemi qui devra les restituer après la guerre sans indemnité. En leur faisant une pareille situation, on tient compte à la fois de ce qu'ils sont employés à un service de l'Etat et de ce que le service auquel ils sont affectés a une nature pacifique. Interdire toute saisie des navires publics parce qu'ils sont utilisés par l'Etat pour une fin non militaire, ce serait faire trop bon marché du droit qui, sans conteste, appartient au belligérant de troubler l'organisation sociale de son adversaire et d'empêcher que celui-ci applique à ses besoins guerriers les choses en son pouvoir. Mais permettre à un belligérant de s'approprier définitivement tous les navires inoffensifs de son ennemi parce qu'ils servent à son usage ou peuvent d'un moment à l'autre être employés dans un but belliqueux, ce serait reconnaître à l'état de guerre des conséquences vraiment excessives : une pareille théorie aboutirait en réalité à légitimer même le pillage ; les seules mesures autorisées dans la guerre sont celles indispensables pour réduire l'ennemi à l'impuissance et supprimer sa résistance, or ce but n'est-il pas atteint dès lors que par une saisie temporaire il est mis hors d'état de se servir de tous ses navires.

La question du sort des navires pacifiques de l'État a fait, au sein de la Commission, l'objet d'une importante discussion. Aucun membre n'a toutefois soutenu qu'ils devraient, comme les navires privés, bénéficier de l'inviolabilité ; c'est entre les seules thèses de la saisie temporaire et de la confiscation que les opinions se sont partagées.

M Edouard Rolin Jaequemyns s'est prononcé en faveur de la première. Il a considéré qu'elle était plus libérale, et qu'à ce titre elle se rapprochait davantage que celle de la saisie pure et simple des tendances de l'Institut. Mais il a estimé qu'en définitive il n'y avait pratiquement que peu de différences entre les deux solutions : en effet, de même que dans le système du projet on doit décider que les navires seront susceptibles de capture s'ils sont utilisés pour la guerre ou sont destinés par leur construction à être transformés en bâtiments de guerre, de même, il faudra nécessairement admettre dans le système de la saisie pure et simple qu'il n'y aura pas lieu à capture si les circonstances établissent qu'en fait les navires ne peuvent être utilisés pour la guerre en cours.

M. Hagerup s'est également rallié à la solution du projet.

Il lui a paru qu'elle était mieux en harmonie avec les idées qui avaient animé l'Institut dans sa session d'Oxford lorsqu'il adopta le Manuel des lois de la guerre maritime basé sur le droit de capture. L'article 36 de ce Manuel, a-t-il remarqué, a, après une discussion approfondie, obligé les belligérants à laisser sortir de leurs ports au début de la guerre les navires publics de l'ennemi comme ses navires privés s'ils y sont entrés ignorants des hostilités ; peut-on, dans un Manuel fondé sur l'inviolabilité de la propriété privée, établir entre les navires privés et les navires publics dont le caractère est pacifique une différence aussi grande que les derniers devront être toujours confisqués alors que les premiers ne seront jamais soumis à capture ?

M. Kaufmann, au contraire, a soutenu que les navires de l'Etat, même s'ils se livrent en fait à un service pacifique, doivent être assujettis à capture. La confiscation de ces navires, a-t-il d'abord remarqué, est la seule solution que la Commission puisse consacrer sans sortir des limites de son mandat : l'Institut, à Christiania, lui a donné le pouvoir de formuler un projet sur la base de l'inviolabilité de la propriété *privée*, mais ne l'a point autorisée à admettre l'inviolabilité des navires publics. Au fond, a-t-il ajouté, la thèse du projet, qui proclame seulement leur saisie temporaire, est inacceptable pour plusieurs raisons : 1° Elle implique un défaut de concordance entre les dispositions relatives à la guerre maritime et celles relatives à la guerre continentale : les Règlements de la guerre terrestre du 29 juillet 1899 et du 18 octobre 1907 prévoient en effet, dans leur article 53, la confiscabilité des moyens de transport de l'Etat ; or la deuxième Conférence de la Paix a émis le vœu que les règles de la guerre terrestre soient, dans la mesure la plus large, appliquées à la guerre maritime. 2° Elle est en contradiction avec la

Déclaration navale de Londres du 26 février 1909, dont
les articles 24, 6°, et 33 admettent la confiscation des
« navires, bateaux et embarcations de tout genre » dans
les cas de destination aux forces armées ou aux administrations de l'adversaire, à moins, dans ce dernier cas, qu'il
ne soit prouvé que les choses dont il s'agit ne sont pas utilisables pour la guerre : cette Déclaration, sans doute, ne
s'applique qu'aux neutres, mais, si l'on remonte au principe dont elle s'inspire, il apparaît impossible de dire que
les navires publics de l'ennemi ne peuvent pas être confisqués. 3° Elle aurait enfin l'inconvénient de rendre plus
vives les résistances que rencontre encore parmi les Etats
la règle de l'inviolabilité de la propriété privée ennemie.

Mais les arguments ainsi présentés par M. Kaufmann
n'ont pas paru décisifs à la 20ᵉ Commission, car celle-ci,
par trois voix contre une et une abstention (M. Dupuis), a
finalement repoussé le système de la capture des navires
publics pour se ranger à celui de la saisie temporaire
proposé par le projet.

A ces arguments on pouvait effectivement faire un certain nombre de réponses.

En déniant à la Commission le pouvoir de consacrer le
système du projet, parce qu'elle n'avait pas reçu de l'Institut la mission de proclamer l'inviolabilité des navires
publics, M. Kaufmann attribuait en réalité à ce système
une portée qu'il n'avait point. La saisie temporaire se rap-
proche beaucoup plus de la capture que de l'inviolabilité ;
car, bien loin de laisser à l'Etat la libre disposition de
ses navires, elle la lui enlève entièrement pendant le cours
des hostilités ; elle n'est pas, en somme, autre chose
qu'une capture adoucie.

Il forçait, en outre, à un double point de vue, le sens
du vœu de la Conférence de la Paix, quand il reprochait
au projet le défaut de concordance de ses dispositions

avec celles du Règlement de la guerre continentale. En
effet, ce vœu, qui visait l'élaboration par une prochaine
Conférence d'un Règlement relatif aux lois de la guerre
maritime, n'a pas dit que dans l'élaboration de ce Règlement on devrait suivre les principes de la guerre sur terre;
il a, dans sa formule votée en séance plénière de la
Conférence (1), exprimé uniquement le désir qu' « en attendant » cette élaboration, les puissances appliquent à la
guerre sur mer les principes de la Convention de 1899
relatifs à la guerre continentale : si, dans la rédaction
définitive du vœu inséré à l'Acte final, on a substitué aux
mots « en attendant » les expressions « dans tous les cas »,
cela a été, d'après les explications du rapporteur M. Renault, une pure modification de style (2). Une semblable
application ne devait pas être, au surplus, absolue : c'est
seulement, déclarent les termes mêmes du vœu, « autant
que possible » qu'il faut la faire. C'est évidemment dans
la même mesure que l'Institut a entendu statuer lorsque sa
Commission des Neuf a décidé, en 1911, « conformément
au quatrième vœu de la deuxième Conférence de la Paix »,
l'élaboration d'un Règlement relatif aux lois et coutumes
de la guerre maritime dans les rapports entre belligérants.
En fait, est-il vraiment possible, dans un Manuel fondé sur
l'inviolabilité de la propriété privée ennemie, d'admettre,
en ce qui concerne le sort des navires de l'ennemi, l'adaptation à la guerre maritime des principes de la guerre
terrestre ? L'adaptation de ces principes conduirait, en
définitive, pour les navires des particuliers, à la négation
même de l'idée d'inviolabilité, puisque, d'après l'article 53
des Règlements de La Haye de 1899 et de 1907 relatifs à

---

(1) *Actes et documents de la deuxième Conférence internationale
de la Paix*, t. I, p. 237.
(2) *Actes et documents*, t. I, p. 580.

la guerre continentale, « tous les moyens affectés sur terre, sur mer et dans les airs à la transmission des nouvelles, au transport des personnes ou des choses, peuvent être saisis, même s'ils appartiennent à des personnes privées, sauf restitution à la paix ». Cet article, il est vrai, réserve expressément « les cas régis par le droit maritime » ; mais il semble bien, d'après les travaux préparatoires, que cette réserve a eu simplement en vue l'existence d'un Règlement basé sur le droit de capture, car, en 1899 et en 1907, la règle universellement admise était que les navires des particuliers ennemis sont comme tels purement et simplement confiscables ; n'eut-elle pas cette portée, une pareille réserve serait alors la preuve la plus formelle que le Règlement de La Haye lui-même a entendu qu'aucune assimilation ne pouvait être faite, relativement aux navires, entre la guerre maritime et la guerre continentale. De fait, les situations sont dans ces deux guerres souvent fort différentes. Et M. Kaufmann lui-même a bien été obligé de le reconnaître, car, en ce qui touche les navires publics, il n'a pas été jusqu'au bout de l'assimilation qu'il préconisait : s'il a posé en principe, dans l'article 38 de ses observations écrites, que les navires publics ennemis sont sujets à capture, il a reconnu, dans l'article 39, que ces navires ne doivent être soumis ni à capture ni à saisie « si les circonstances établissent qu'en fait ils ne peuvent être utilisés pour la guerre en cours » ; or, d'après l'article 53 des Règlements de La Haye de 1899 et de 1907, les moyens de transport et spécialement les navires appartenant à l'Etat ou à des particuliers sont, dans la guerre sur terre, considérés comme constituant toujours et sans distinction une propriété de nature à servir aux opérations de la guerre.

Pour légitimer la restriction qu'il admet ainsi au principe de la capture, M. Kaufmann invoque les articles 24, 6°, et 33 de la Déclaration de Londres du 26 février 1909, relative à la guerre maritime, qui, reconnaissant que les « navires, bateaux et embarcations de tout genre peuvent être affectés tant à des emplois pacifiques qu'à des usages de guerre, les déclare saisissables lorsqu'ils sont destinés aux forces armées ou aux administrations de l'Etat ennemi, à moins, dans ce dernier cas, que les circonstances établissent qu'en fait ces objets ne peuvent être utilisés pour la guerre en cours. Mais on peut se demander s'il est permis d'argumenter ainsi de ces dispositions de la Déclaration de Londres : celles-ci ont trait uniquement aux relations entre les neutres et les belligérants et elles se rapportent à la question de la contrebande de guerre ; or, ici, il est question du sort qu'il convient d'attribuer, dans les rapports des belligérants, aux navires qui leur appartiennent. Ce qu'on en peut seulement retenir, c'est que, dans la guerre maritime, il n'est pas inexact de dire que des navires de l'Etat sont susceptibles de servir à des usages pacifiques aussi bien qu'à des emplois hostiles.

Pour déterminer, en cas de guerre maritime, le sort des navires publics dans les rapports entre les belligérants, l'Institut n'est donc, en réalité, lié ni par les Règlements de La Haye sur la guerre sur terre, ni par la Déclaration navale de Londres ; il a toute liberté d'admettre des solutions qui s'en éloignent, s'il juge celles-ci plus conformes aux intérêts de la justice et de la civilisation.

Au point de vue juridique, les partisans de la confiscation des navires publics employés à un service pacifique peuvent invoquer une double considération : ces navires sont susceptibles de servir éventuellement à des opérations de nature hostile, et, étant une chose de l'Etat, ils doivent, comme toutes les choses de l'Etat, subir les conséquences de la guerre, qui est une relation d'Etat à Etat. Ces arguments sont-ils péremptoires ? .Ils sont certainement de nature à faire échapper les navires publics au principe

5

de l'inviolabilité, mais on peut douter qu'ils soient déterminants pour faire admettre que de semblables navires doivent être soumis à une saisie pure et simple et non pas simplement à une saisie temporaire.

Si les navires publics constituaient réellement, quoique affectés à un emploi pacifique, des moyens de nature à servir aux opérations de la guerre, on pourrait comprendre qu'ils fussent déclarés confiscables. C'est effectivement ainsi que les articles 53 des Règlements de La Haye de 1899 et de 1907 les ont considérés dans la guerre terrestre. Et la solution qu'ils ont ainsi donnée apparaît comme parfaitement légitime. Car, dans la guerre continentale, les navires et le matériel des chemins de fer sont, pour les belligérants, les *seuls* moyens de locomotion rapide qu'ils aient à leur disposition pour transmettre des nouvelles ou pour transporter des troupes et des munitions d'un point à un autre du territoire ennemi : ils devront *nécessairement* être utilisés par eux pour des fins militaires. Mais la situation est toute différente en cas de guerre maritime. Ici, le belligérant n'a pas forcément besoin, pour accomplir ces transmissions et ces transports, de recourir aux navires qu'il emploie à un service paisible ; en dehors de ces navires, il a les bâtiments de sa flotte militaire et ceux qu'il a spécialement affectés à une destination belliqueuse ; ce n'est donc qu'éventuellement et d'une manière tout à fait exceptionnelle que des navires publics employés à des opérations pacifiques seront destinés par lui à un but guerrier. Or le fait qu'une catégorie quelconque de choses peut un jour être employée pour la guerre suffit-il raisonnablement pour la rendre, dès à présent, sujette à confiscation ? Un pareil argument conduirait fort loin. Avec lui, il faudrait dire, ce que Grotius déclarait d'ailleurs dans son *De jure prædæ,* que tout ce qui est à l'ennemi doit lui être arraché, car tout peut servir à la guerre : « Omnes

res hostium sunt instrumenta in nostrum exitium compa-
rata » (1). Les matelots des bâtiments paisibles de l'Etat ne
devraient-ils pas, notamment, être faits immédiatement prisonniers de guerre ; ne sont-ils pas exposés, au premier
appel de l'autorité maritime, à être incorporés dans la
flotte ? Ce n'est pas cependant la solution que l'Institut a
admise dans son Manuel d'Oxford, bien que celui-ci ait
pris comme base le droit de capture des navires privés et
des navires publics ennemis : d'après l'article 56 de ce
Manuel, « le capitaine, les officiers et les membres de
l'équipage, nationaux de l'Etat ennemi, ne sont pas faits
prisonniers de guerre à condition qu'ils s'engagent, sous la
foi d'une promesse écrite, à ne prendre, pendant la durée
des hostilités, aucun service ayant rapport avec les opérations de la guerre » ; pourquoi traiterait-on différem-
ment les navires publics, dans un Manuel qui pose en règle
l'inviolabilité de la propriété privée ennemie ? Admettre
la capture des navires publics à caractère inoffensif parce
qu'ils pourraient éventuellement prendre part à la guerre,
cela devrait encore conduire logiquement à repousser, dans la guerre maritime, l'idée de l'immunité de la
propriété privée, car les navires des particuliers ennemis
sont, comme les navires de l'Etat, susceptibles d'être, le
cas échéant, appelés à rendre des services militaires. On
n'admet pas, en droit privé, qu'un innocent soit condamné
par cela seul qu'il pourrait un jour se rendre coupable
d'un délit ; si on a quelque raison de craindre qu'il com-
mette une infraction, on pourra seulement exercer vis-à-vis
de lui une surveillance qui le mettra hors d'état de nuire.
C'est une règle analogue qu'il convient d'appliquer aux
navires publics : on ne doit pas les confisquer, on se
bornera à les saisir temporairement.

_____

(1) Grotius, *De jure prædæ*, édit. Hamaker, 1868, chap. IV, p. 44.

L'éventualité d'un emploi à des fins guerrières n'est-elle pas à redouter davantage pour les navires publics que pour les navires privés ? Il n'est pas douteux que l'autorité absolue que l'Etat possède sur ces navires les rend plus dépendants et facilite ainsi leur destination à des usages militaires. Mais cette dépendance et cette facilité ne sauraient suffire pour en autoriser la saisie pure et simple, car leur adaptation à un but belliqueux, encore que moins incertaine, reste toujours une pure éventualité.

La possibilité d'un usage belliqueux ne peut donc avoir pour conséquence de légitimer la confiscation des navires publics. Le fait que ces navires appartiennent à l'Etat doit-il être également sans influence à cet égard ? C'est un principe incontesté en droit international que la guerre se fait d'Etat à Etat. Par application de ce principe, la guerre doit certainement produire ses effets sur toutes les choses qui appartiennent à l'Etat. Mais il est des degrés dans les conséquences de la guerre, et ce n'est pas une raison parce qu'une chose est la propriété de l'Etat pour qu'il faille la soumettre aux conséquences les plus rigoureuses qu'entraînent les hostilités. C'est ainsi, par exemple, que, s'il est permis de bloquer tous les ports et toutes les cités de l'ennemi, il est interdit de les soumettre sans distinction à un bombardement : on ne peut bombarder par des forces navales les ports, villes, villages, habitations ou bâtiments qui ne sont pas défendus. Une distinction semblable ne doit-elle pas être faite en ce qui concerne les navires de l'Etat, suivant qu'ils sont ou non employés effectivement aux opérations de la guerre ? Est-il juste, parce que les uns et les autres appartiennent à l'Etat, de les traiter tous avec la même rigueur ? Permettre à un belligérant de s'approprier définitivement, c'est-à-dire de confisquer tous les navires publics de son ennemi parce qu'ils sont sa propriété, ce serait en vérité faire trop bon marché du caractère paisible que présentent en fait certains d'entre eux.

Les droits d'un belligérant, s'ils s'expliquent par les nécessités militaires, ne doivent jamais aller au-delà de ces nécessités. Or celles-ci n'exigent pas que les navires à caractère paisible qui appartiennent à l'Etat soient frappés de confiscation. Elles sont suffisamment satisfaites, dès lors qu'ils sont soumis seulement à une saisie temporaire. Le belligérant qui veut triompher de son adversaire a intérêt à le priver des objets dont il pourrait un jour se servir contre lui pour augmenter ses forces militaires ; il a de même intérêt à désorganiser les services de la partie adverse même ne se rattachant pas directement à la guerre, car la désorganisation de ces services sera pour elle une cause d'affaiblissement. Il est dès lors légitime qu'il puisse s'emparer des navires publics de l'ennemi malgré leur caractère paisible. Mais ce serait dépasser le but qu'il a le droit d'atteindre que de l'autoriser à les confisquer. En saisissant ces navires sous l'obligation de les restituer en nature ou en valeur après la fin de la guerre, le belligérant les mettra en effet hors d'état de lui nuire et troublera les services même pacifiques de son adversaire. La saisie temporaire répond ainsi, tout aussi bien que la saisie pure et simple, aux nécessités de la guerre en cours. Cela suffit à réfuter l'objection, soulevée par M. Kaufmann au sein de la Commission, que la règle de la saisie temporaire aurait l'inconvénient d'aviver les résistances des Etats à l'adoption du principe de l'inviolabilité de la propriété privée ennemie.

La seule différence qui existe entre le système de la confiscation et celui de la saisie temporaire est qu'avec le premier de ces systèmes l'adversaire sera privé de ses navires affectés à un service pacifique, non seulement au cours des hostilités, mais même après la terminaison de la guerre, tandis qu'avec le second il les recouvrera ou en recevra la valeur à la signature de la paix : le belligérant, privé de ses navires d'une manière définitive et non pas seulement momentanée, verra son commerce compromis et ses services les plus pacifiques désorganisés non seulement au cours des hostilités, mais pour nombre d'années, peut-être d'une façon irrémédiable ; les ruines résultant de ses défaites se trouveront ainsi singulièrement aggravées et la guerre fera, en ce qui le concerne, sentir ses effets bien longtemps après qu'elle aura cessé. Cette différence entre la saisie pure et simple et la saisie momentanée est-elle de nature à faire admettre la théorie du droit de confiscation ? Elle apparaît plutôt comme une nouvelle raison de la repousser. La conséquence à laquelle cette théorie conduit est, en effet, contraire au véritable but de la guerre. En réalité, celle-ci ne saurait avoir d'autre but que de réduire l'adversaire à l'impuissance et de le mettre dans l'impossibilité de prolonger sa résistance ; elle n'a point pour objet de causer des ruines irréparables et des dommages permanents capables d'amener le complet anéantissement de l'Etat ennemi : il n'y a pas un droit quelconque qui permette à un peuple d'en détruire un autre et de vouloir l'effacer. Les belligérants ne doivent pas chercher à se faire plus de mal que ne le comportent les besoins de la guerre : « Il faut, dit fort justement M. Dupuis (1), distinguer parmi les rigueurs de la lutte selon leurs effets : admettre celles qui sont nécessaires, rejeter celles qui sont superflues. La guerre n'étant faite que pour fonder une paix durable sur la volonté du plus fort, il faut autoriser les mesures qui rendront manifeste la supériorité de force du vainqueur ; il faut condamner celles qui, sans décider de cette supériorité, aigriront la

---

(1) *Le droit de la guerre maritime d'après les doctrines anglaises contemporaines*, p. 93.

haine du vaincu et rendront précaire une paix qu'elles ne suffiraient pas à dicter ». Sil fallait consacrer le droit de confiscation parce qu'il peut amener plus sûrement la ruine complète de l'adversaire et rendre son relèvement plus difficile, il s'en suivrait qu'on devrait autoriser les excès les plus odieux. C'est la dévastation et le pillage de toutes les choses de l'Etat et des particuliers ennemis, c'est la mort de tous les sujets, paisibles ou non, de l'adversaire qu'alors il conviendrait de permettre, car il est bien certain que la défaite d'un pays sera d'autant plus irrémédiable qu'il aura été davantage atteint dans ses biens et dans sa population. Et, pour parler spécialement de la guerre maritime, ce ne sont pas seulement la guerre d'escadres et la guerre au commerce, c'est encore la guerre au littoral que logiquement il conviendrait de déclarer légitimes : toutes les villes du littoral, fortifiées ou non, pacifiques ou guerrières, pourraient être incendiées, ruinées, rançonnées sans merci. La confiscation des navires publics dépasse en réalité les besoins légitimes de la guerre. Elle doit donc être condamnée pour ce motif. Mais il est une autre raison qui s'oppose également à son admission. Il faut autant que possible éviter les dommages qui nuisent, en même temps qu'au vaincu, au vainqueur et aux neutres. Or ceux que doit entraîner la saisie des navires publics affectés à des services pacifiques appartiennent sans conteste à cette catégorie. En désorganisant, même après les hostilités, le service du balisage et celui de la police, ne va-t-on pas, en effet, porter le trouble dans la navigation de tous les peuples, compromettre la défense des intérêts sanitaires qui sont au plus haut point respectables : ces services, quoiqu'établis par un Etat, ont en réalité une utilité vraiment internationale. La confiscation des navires, en anéantissant pour longtemps le commerce de l'Etat auquel ils appartiennent, ne va-t-elle pas ruiner aussi le commerce de celui qui l'accomplit et de ceux mêmes qui n'ont pas pris part à la guerre : en vertu de la solidarité qui existe entre les peuples, on n'appauvrit pas une nation sans préjudice et sans souffrances pour les autres ; les Etats, belligérants ou non belligérants, sont tous intéressés à ce que l'échange des produits de leur industrie et de leur agriculture ne soit indéfiniment ni gêné ni interrompu. Comme l'a très bien dit M. de Boeck (1) : « Le commerce est comparable à un organisme universel dont tous les rouages concourent à l'universelle utilité : selon la formule célébre de Bastiat (*Harmonies économiques*, p. 147), le bien de chacun favorise le bien de tous, comme le bien de tous favorise le bien de chacun. Il est donc certain que toute perte éprouvée par l'un des belligérants sera ressentie par l'autre ; le commerce de celui-ci souffrira des coups portés au commerce de celui-là, et ces coups se répercuteront d'une façon douloureuse dans toutes les classes qui composent les deux nations.... L'exercice du droit de capture amènera dans le commerce maritime une perturbation générale, dont souffriront tous les peuples ». La saisie temporaire des navires publics, tout en tenant compte des exigences impérieuses de la guerre, respectera au contraire en n'en prolongeant pas sans mesure les effets les intérêts légitimes des nations.

II. — De même que pour les navires privés, le projet soumis à la Commission avait, pour les navires publics, prévu non seulement le sort du bâtiment lui-même, mais aussi celui du chargement se trouvant à son bord. Il avait, sauf les cas où elles présenteraient les caractères de la contrebande de guerre et où elles se trouveraient sur des navires coupables de quelque acte hostile, déclaré les marchan-

---

(1) *La propriété privée ennemie sous pavillon ennemi*, nᵒˢ 585 et 586, p. 566-568.

dises privées insaisissables et les marchandises publiques
sujettes à saisie moyennant obligation de les restituer
après la guerre : c'était, en définitive, la solution qu'il
avait consacrée en ce qui concerne les cargaisons des bâtiments privés.

La Commission a fait subir à l'article 41 du projet, en
tant qu'il s'appliquait au sort du chargement, à la fois des
modifications de forme et des modifications de fond.

Les décisions du projet à cet égard étaient rédigées
d'une manière un peu trop concise : elles n'apparaissaient
pas assez nettement du seul texte de l'article 41 ; pour les
bien connaître il fallait, en effet, combiner les dispositions
de cet article avec celles des articles suivants et les compa-
rer aux règles admises précédemment pour les navires
privés. Les membres de la Commission ont estimé qu'il
importait de donner à l'article plus de clarté afin qu'il se
suffise à lui-même : prévoyant distinctement le sort de la
propriété privée et celui de la propriété publique, l'article
modifié a donc indiqué expressément ce que devenait chacune de ces propriétés dans les diverses situations que
celles-ci pouvaient présenter.

Au fond, sur le principe, la solution donnée par la Commission n'a pas été différente de celle proposée par le projet : les marchandises privées et publiques sont traitées à
bord des navires publics de la même manière que sur les
navires privés. M. Kaufmann aurait voulu toutefois leur
faire une situation spéciale : il avait demandé qu'on se
montrât plus sévère pour les marchandises à bord des
navires publics détournés de leur destination pacifique que
pour les marchandises existant sur des navires privés
détournés de leur usage pacifique, c'est-à-dire qu'on les
assujettît à la saisie, car, dit-il, la personne qui fait transporter ses marchandises sur un navire public doit présumer plus facilement que ce navire peut être employé aux

hostilités. Mais cette proposition de M. Kaufmann n'a pas été adoptée : trois voix sur quatre se sont prononcées contre elle. M. Dupuis, pour la combattre, a fait observer qu'on ne saurait faire grief à un expéditeur d'avoir chargé ses marchandises sur un navire appartenant à l'Etat belligérant et que celui-ci détourne de sa destination pacifique, parce que souvent il aura été obligé de les confier à ce navire : « on peut donner comme exemple celui d'un négociant ayant à faire transporter des marchandises en Angleterre et qui se trouve forcé de les charger sur un navire de l'Etat français faisant le service entre Dieppe et Newhaven ; si l'Etat français détourne ses navires de leur destination normale, l'expéditeur n'y peut évidemment rien ». M. Kaufmann répondit que le régime de sévérité qu'il proposait pour les marchandises chargées sur des navires publics aura pour effet de dissuader les Etats propriétaires de ces navires de les détourner de leur usage normal. M. Dupuis répliqua que l'intérêt du belligérant n'est pas en rapport avec la gravité du mal qui peut être subi par le chargeur. M. Hagerup insista aussi sur le danger de la solution préconisée par M. Kaufmann étant donné le mouvement croissant vers l'étatisation des services de transport.

C'est à propos des détails que des modifications ont été apportées par la Commission à la solution présentée par le projet : elle y était d'ailleurs nécessairement amenée par les résolutions qu'elle avait adoptées en ce qui touche le sort de la propriété publique sur les navires privés. Le projet n'avait fait exception au principe de la retenue sans indemnité de cette propriété et n'avait admis sa saisie que dans les cas où elle constituerait des objets de contrebande de guerre et où elle se trouverait à bord de navires accomplissant des actes hostiles. La Commission a décidé que seraient encore sujets à saisie sur les navires publics, comme sur les navires privés, le numéraire, les fonds et les valeurs exigibles, et toute marchandise en provenance ou à destination d'entreprises agricoles, industrielles ou commerciales de l'Etat. Cette dernière disposition, dont l'objet est de porter atteinte à la fortune de l'Etat en ruinant son commerce même pacifique, apporte, comme on l'a déjà fait observer au sujet des navires privés chargés de pareilles marchandises, une dérogation si importante au principe qu'elle aboutit en quelque sorte à sa suppression même : la saisie sans indemnité, sauf restitution à la paix, n'aurait-elle pas été ici une sanction suffisante ?

L'article 41 du projet, devenu l'article 39 de la Commission, s'est trouvé définitivement rédigé comme suit :

« *Les navires publics sont, sauf les exceptions ci-après indiquées, sujets à être retenus par l'ennemi moyennant obligation de les restituer après la guerre sans indemnité.*

« *La propriété privée se trouvant à bord de ces navires est exempte de saisie, à moins qu'elle ne présente les caractères de la contrebande de guerre.*

« *La propriété publique se trouvant à bord de ces navires peut être retenue sans indemnité, mais à charge de restitution après la guerre ; toutefois sont sujets à saisie le numéraire, les fonds et les valeurs exigibles, les armes, ainsi que toute marchandise présentant les caractères de la contrebande de guerre et toute marchandise en provenance ou à destination d'entreprises agricoles, industrielles ou commerciales de l'Etat* ».

Article 42. — *Les navires publics sont toutefois sujets à capture, avec leur chargement même appartenant à des particuliers, dans les conditions admises pour les navires privés, s'ils servent d'une façon quelconque aux opérations de la guerre, commettent des actes d'assistance hostile, résistent à la visite, n'ont pas de papiers de bord, les ont cachés ou détruits intentionnellement ou en possèdent de faux.*

Une simple modification de forme a été apportée à cet article. La Commission a pensé qu'il convenait de séparer, dans deux alinéas distincts, ce qui avait trait au sort des navires et ce qui concernait le sort des marchandises transportées par eux. Elle l'a donc formulé de la manière suivante sous le numéro 40 :

« *Les navires publics sont sujets à capture s'ils servent d'une façon quelconque aux opérations de la guerre, commettent des actes d'assistance hostile, résistent à la visite, n'ont pas de papiers de bord, les ont cachés ou détruits intentionnellement ou en possèdent de faux.*

« *Les marchandises privées ou publiques se trouvant à bord de ces navires sont soumises aux mêmes règles que celles existant sur des navires privés dans les mêmes conditions* ».

Il ne pouvait y avoir, au fond, de discussion sur la solution admise par cette disposition. Les navires publics, qui font acte de belligérant, ne sauraient évidemment continuer de profiter du régime de faveur qui leur est octroyé tant qu'ils se bornent à remplir le rôle pacifique dont ils sont chargés ; ils doivent être soumis à capture dès qu'ils fournissent une assistance hostile ou prennent part d'une façon quelconque aux opérations de la guerre. Quant aux marchandises qu'ils transportent, il faut les traiter comme le sont les marchandises sur des navires privés qui commettent également des actes hostiles ; on ne voit aucune raison pour faire à cet égard des distinctions selon qu'il s'agit d'un navire appartenant à des particuliers ou d'un navire appartenant à l'Etat qui a dépouillé son caractère pacifique : dira-t-on que celui qui charge sur un navire public doit présumer plus facilement que ce navire sera soustrait à sa destination normale ; on peut répondre que bien souvent l'expéditeur n'aura pas le choix entre des navires privés et des navires publics pour le transport de ses marchandises. M. Kaufmann a cependant considéré que le deuxième alinéa de l'article relatif aux marchandises était insuffisant ; il aurait voulu infliger à ces marchandises un traitement plus rigoureux lorsqu'elles sont à bord d'un navire public que lorsqu'elles sont à bord d'un navire privé : c'est ainsi, par exemple, qu'en cas de violation de blocus la propriété privée sur un bâtiment public devrait être saisie, même si son propriétaire a ignoré, au moment du chargement, l'intention de violer le blocus, alors que cette ignorance la fait échapper à la saisie quand elle est chargée sur un bâtiment privé, et qu'en cas de résistance à la visite ou d'irrégularité des papiers de bord toutes les marchandises privées devraient être saisissables sur un navire public, alors que sur un navire privé les marchandises de cette espèce ne sont sujettes à saisie que si elles appartiennent au capitaine ou au propriétaire du navire.

Article 43. — *Les navires publics peuvent également être capturés si leur construction indique qu'ils sont destinés à être transformés en bâtiments de guerre. En dehors du cas où elles constituent de la contrebande de guerre, les marchandises privées doivent être laissées libres et les marchandises publiques saisies ou réquisitionnées dans les termes de l'article 41.*

Si, d'après le projet soumis à la Commission comme d'après le texte adopté par celle-ci, les navires publics

dont le caractère n'a rien de belliqueux ne doivent être
que retenus sans indemnité, bien qu'ils puissent être éventuellement utilisés pour des fins militaires, ce principe
doit recevoir, dans certains cas, des exceptions. Il ne faut
point l'admettre dès qu'il y a non pas simplement une
possibilité éventuelle mais une possibilité à peu près certaine d'une destination guerrière, dès qu'une manifestation extérieure indique que les navires *doivent* avoir un
emploi belliqueux. Alors, en effet, la confiscation de semblables navires apparaît comme légitime, car on se trouve
vraiment en présence de nécessités militaires sérieuses, ac-
tuelles et constatées, et non plus uniquement imaginaires et
problématiques. Le projet soumis à la Commission n'avait
prévu expressément qu'une seule manifestation extérieure de
la destination belliqueuse probable des navires : celle où leur
construction indique qu'ils sont destinés à être transformés en bâtiments de guerre, en fait en quelque sorte des
navires de guerre « en puissance ». La Commission a
estimé qu'il y avait d'autres manifestations équivalentes
dont il fallait également tenir compte, car elles indiquaient
aussi d'une façon non douteuse l'intention de l'Etat d'employer ses navires à des opérations de la guerre. Il en doit
être ainsi, d'après elle, quand l'*aménagement* des navires
ou les *contrats* dont ils ont été l'objet permettent de présumer leur emploi aux usages de la guerre.

Quel traitement faudra-t-il reconnaître à ces navires,
s'ils sont trouvés dans un port ennemi ou y sont entrés à
l'ouverture des hostilités sans les connaître ou ont été
rencontrés en mer dans l'ignorance de celles-ci ? Le projet soumis à la Commission n'avait pas cru devoir envisager cette situation particulière dans l'article qu'il con-
sacrait aux bâtiments publics qu'on a des raisons sérieuses de croire destinés à servir aux opérations de la guerre,
car il en avait fait l'objet, dans son article 44, d'une dis-

position générale applicable à tous les navires publics quels qu'ils fussent. La Commission, tout en déterminant aussi d'une manière absolue le régime des navires publics ignorants des hostilités, a estimé nécessaire de l'envisager d'une façon particulière, pour les navires destinés par leur construction, leur aménagement ou leurs contrats à des usages militaires, et cela dans l'article même concernant ces navires. Ce n'était pas, en réalité, seulement pour une raison de méthode, afin de rendre cet article plus complet, qu'elle avait ainsi procédé. Sa manière d'agir s'expliquait par une différence de fond qui séparait son projet de celui qui lui avait été présenté. En effet, tandis que ce dernier avait décidé que les navires en question devaient, s'ils étaient ignorants de l'état de guerre, être simplement retenus sans indemnité, la Commission les a, au contraire, déclaré soumis à capture dans ce cas aussi bien que dans celui où ils sont trouvés ou rencontrés au cours des hostilités et en pleine connaissance de celles-ci : il était, dès lors, naturel qu'elle s'occupât, dans une même disposition, de leur condition, puisque celle-ci doit être identique quelle que soit leur situation.

Mais il ne suffisait pas d'envisager le sort des navires, il fallait encore parler du régime de leur cargaison. C'est ce que la Commission comme d'ailleurs le projet primitif n'ont pas manqué de faire. Ils ont appliqué ici les règles auxquelles sont soumises les marchandises chargées sur des navires publics ordinaires. Il s'en suit dès lors, d'après le texte de la Commission, qu'à bord des navires publics dont on peut présumer l'emploi à la guerre, et qui sont trouvés ou rencontrés à l'ouverture ou au cours des hostilités, la propriété privée sera exempte de saisie, à moins qu'elle ne présente les caractères de la contrebande de guerre, et la propriété publique retenue sans indemnité à charge de restitution après la guerre, à moins qu'elle ne consiste en numéraire, en fonds et valeurs exigibles, en armes, en marchandises présentant les caractères de la contrebande de guerre, en marchandises en provenance ou à destination d'entreprises agricoles, industrielles ou commerciales, auxquels cas elle sera sujette à saisie. Le renvoi qu'a fait ainsi la Commission, pour les marchandises, aux principes régissant la propriété privée ou publique sur des navires publics ordinaires a paru toutefois insuffisant à M. Kaufmann : celui-ci n'a estimé ce renvoi suffisant qu'en ce qui concerne les marchandises chargées au début des hostilités sur un navire public qui alors se trouve ou entre dans un port ennemi ou est rencontré en mer dans l'ignorance de la guerre.

Une interversion dans l'ordre des articles 43 et 44 du projet a été votée par la Commission : celle-ci a décidé que l'article 43, devenu l'article 42 de la Commission, devait être placé après l'article 44, devenu l'article 41.

L'article 43 (42 de la Commission) a été finalement rédigé comme suit :

« *Les navires publics dont la construction indique qu'ils sont destinés à être transformés en bâtiments de guerre ou dont l'aménagement ou les contrats permettent de présumer leur emploi aux usages de la guerre peuvent être capturés, même s'ils se trouvent dans un port ennemi ou y entrent à l'ouverture des hostilités sans les connaître ou sont rencontrés en mer dans l'ignorance de celles-ci.*

« *Les marchandises privées ou publiques se trouvant à bord de ces navires sont soumises aux règles établies à l'article 39* ».

Art. 44. — *Les navires publics qui se trouvent au début des hostilités dans un port ennemi et ceux qui, ayant quitté leur dernier port de départ avant le commence-*

ment de la guerre, sont entrés dans ce port sans connaître les hostilités ou sont rencontrés en mer par l'ennemi dans l'ignorance de celles-ci sont, avec leurs marchandises, soumis au traitement prévu pour les navires privés par les articles 37, 38 et 39.

La liberté reconnue aux navires privés par l'article 37, alinéas 1 et 2, et par l'article 38, alinéa 2, n'est pas toutefois applicable aux navires publics se trouvant dans un port ou rencontrés en mer, s'ils doivent être employés à un service militaire ou hostile ou sont susceptibles par leur construction d'être transformés en bâtiments de guerre : le belligérant a, dans ces cas, le droit de les saisir moyennant l'obligation de les restituer après la guerre sans indemnité ou de les réquisitionner moyennant indemnité.

Le projet primitif, dans ses articles 37, 38 et 39, en ce qui concerne les navires privés, donnait les solutions suivantes pour le cas où, à l'ouverture des hostilités, ces navires seraient entrés ou seraient trouvés dans un port ennemi, ignorants de la guerre, ou seraient rencontrés en mer dans l'ignorance de celle-ci : 1° s'ils ont un caractère inoffensif, ils doivent être exempts de saisie et de retenue : ils sont en effet couverts par la règle de l'inviolabilité de la propriété privée ennemie ; 2° s'ils sont susceptibles par leur nature, notamment par leur construction, d'être employés à des fins militaires, ou s'ils ont des chargements ou font des transports qui, s'ils n'avaient pas été opérés avant la guerre, les rendraient coupables de participation aux hostilités ou d'assistance hostile, ils auront un délai pour s'en aller librement, mais, s'ils ne profitent pas de ce délai, ils pourront être retenus moyennant l'obligation de les restituer après la guerre sans indemnité ; les objets constituant une assistance hostile

6

et les marchandises appartenant à l'Etat ennemi se trouvant à leur bord devront toujours être soumis à retenue, même si les navires n'en sont pas passibles. Ce sont des règles différentes que la Commission a adoptées, en ce qui touche les navires privés, dans les articles 39 et 40 de son projet. Partant de l'idée que toute opération commencée avant les hostilités est licite et ne saurait être affectée par la déclaration de la guerre, elle a décidé que les navires privés trouvés ou rencontrés dans l'ignorance de celle-ci, avec des marchandises publiques, des marchandises privées ou des personnes ayant un caractère hostile, embarquées antérieurement aux hostilités, devraient être laissés libres d'une manière absolue, mais que les marchandises ou les personnes pourront être retenues sans indemnité. Les navires privés dont la construction, l'aménagement ou les contrats permettent de supposer leur emploi à un usage belliqueux devront au contraire, d'après elle, être immédiatement soumis à retenue, avec la propriété publique et les objets à caractère hostile dont ils sont porteurs, quoique leur construction, leur aménagement ou leurs contrats remontent à une époque où ils n'avaient rien d'illicite : la Commission a estimé qu'un belligérant ne pouvait laisser en liberté des navires qui, par eux-mêmes ou par l'affectation qu'ils ont reçue, sont destinés à devenir une arme contre lui.

Convient-il d'admettre les mêmes principes en ce qui touche les navires publics ? Dans son article 44, le projet soumis à la Commission faisait une distinction entre ces navires. S'agit-il de navires appartenant à l'Etat ennemi, mais qui sont affectés à un service public dont le caractère n'a rien de belliqueux, par exemple à un service de police, de douane ou de balisage, à un service inoffensif de transport de marchandises ou de voyageurs, ces navires devront, comme des navires privés, être laissés libres pen-

dant un certain délai de sortir du port ennemi ou de continuer leur voyage en mer, sauf le droit du belligérant de
retenir les objets hostiles qu'ils ont à leur bord ; ils ne
seront eux-mêmes retenus que s'ils n'ont pas profité du
délai qui leur a été octroyé. S'agit-il, au contraire, de
navires publics qui doivent être employés à un service
militaire ou hostile, ou qui sont susceptibles, par leur
construction, d'être transformés en bâtiments de guerre,
ces navires, à la différence des navires privés se trouvant
dans la même situation, ne jouiront d'aucun délai pour
sortir ou poursuivre leur voyage et ils pourront être dès
à présent retenus : le fait que ces navires appartiennent
à l'Etat permet en effet de supposer, avec une probabilité
beaucoup plus grande que lorsqu'il s'agit de navires appartenant à des particuliers, qu'ils continueront à être
employés au cours des hostilités aux opérations militaires
auxquelles les destinaient leur construction, leur aménagement et les contrats dont ils ont été l'objet, quoique antérieurs à la guerre.

La Commission a estimé qu'il fallait, plus que ne le
faisait le projet, tenir compte du fait que les navires publics
constituent une chose de l'Etat. Faisant comme lui une distinction entre ceux de ces navires qui ont un caractère
absolument inoffensif et ceux dont la construction, l'aménagement et les contrats permettent de supposer un usage
guerrier, elle a, contrairement aux solutions du projet,
décidé que les premiers devaient, quoique ignorants des
hostilités, être traités comme les navires publics qui en
auraient effectivement connaissance, c'est-à-dire être retenus sans indemnité, et que les seconds devaient être, non
seulement saisis temporairement, mais encore soumis à
capture. A la différence du projet primitif, la Commission,
en ce qui concerne les navires publics, a donc considéré
qu'elle ne devait pas avoir égard au fait que ces navires

étaient ignorants des hostilités au moment où ils sont entrés en contact avec l'ennemi et avaient entrepris leurs opérations en pleine paix, à une époque où elles ne pouvaient avoir rien d'illicite. C'est uniquement en cas de chargement par des navires publics ayant une nature inoffensive d'objets présentant le caractère de contrebande de guerre et par rapport au sort de ces objets qu'elle a pris un pareil fait en considération ; car, au lieu de déclarer saisissables les choses de contrebande, comme elles devraient l'être sur des navires connaissant l'état de guerre, elle s'est contentée de les soumettre à une simple retenue. Telles sont les dispositions qui résultent de la combinaison des articles 41 et 42 du projet de la Commission, correspondant aux articles 44 et 43 du projet primitif.

L'article 44 de ce dernier projet, devenu l'article 41 de la Commission, a reçu finalement la teneur suivante :

« *Les règles indiquées dans l'article 39 sont applicables même si à l'ouverture des hostilités les navires publics se trouvent dans un port ennemi ou y entrent sans les connaître ou sont rencontrés en mer dans l'ignorance de celles-ci.*

« *Toutefois, dans ces cas, les marchandises privées ennemies présentant les caractères de la contrebande de guerre ne sont soumises qu'à simple retenue* ».

Le projet soumis à la Commission faisait rentrer sous le titre de *Règles communes aux navires privés et aux navires publics* trois ordres de dispositions, relatives : 1° à l'arrêt, à la visite et aux recherches ; 2° aux effets de la force majeure en ce qui concerne la capture et la saisie des navires ; 3° à l'absence, à la destruction et à l'irrégularité des papiers de bord. Et, dans ce projet, les articles 32, 33 et 34, qui se référaient à ces questions, avaient été placés au début même de la Section IV, avant qu'il fût traité spécialement des navires privés et des navires publics. La Commission a pensé, comme le projet, qu'il y avait des dispositions qui devaient être communes aux deux sortes de navires. Mais elle n'a été d'accord avec lui ni sur leur nombre ni sur leur emplacement. Elle a maintenu au début de la Section IV, sans le ranger parmi les dispositions communes et en lui donnant un titre spécial, l'article concernant l'arrêt, la visite et les recherches, attendu que ces opérations, quoiqu'elles fussent applicables à la fois aux navires publics et aux navires privés, constituent en réalité des actes préliminaires à la saisie ou à la capture dont ces navires peuvent être l'objet. Elle a, d'autre part, retiré des dispositions communes, pour en parler séparément, à propos des navires publics et des navires privés, bien qu'elle intéressât les uns et les autres de ces navires, celle qui a trait aux papiers de bord, estimant pratiquement utile de réunir à l'occasion de chaque espèce de navires tous les cas où ceux-ci peuvent être frappés de saisie. La seule disposition commune du projet qu'elle ait conservée sous ce titre a été l'article 33, concernant l'effet de la force majeure sur la saisie et la capture des navires. Mais à cette disposition elle en a ajouté deux autres relatives à certains objets qui, sur les navires publics aussi bien que sur les navires privés, doivent être soustraits à toute saisie. Et ces trois dispositions, placées sous la rubrique : *Dispositions communes aux navires privés et publics,* ont été insérées par elle dans le Manuel après, et non pas, comme dans le projet primitif, avant les prescriptions particulières aux navires privés et aux navires publics : il lui a en effet paru que, dans un Manuel basé sur le principe de l'inviolabilité de la propriété privée, on ne devait pas parler d'abord des cas où cette propriété peut être capturée et de ceux où exceptionnellement elle doit échapper à la saisie.

L'article 33 du projet primitif est devenu l'article 43 du projet de la Commission, sans qu'au sein de celle-ci aucune discussion s'élevât à son sujet. Il n'a subi qu'une insignifiante modification de forme nécessitée par l'emplacement nouveau qui lui était donné : aux mots « d'après les articles qui *suivent* » on a substitué ceux-ci « d'après les articles qui *précèdent* ». Cet article a été effectivement formulé de la manière suivante :

« *La capture et la saisie, en tant qu'elles s'appliquent, d'après les articles qui précèdent, aux navires privés et aux navires publics ainsi qu'à leur chargement, sont admises alors même que les navires ou les marchandises sont tombés au pouvoir du belligérant à la suite d'une force majeure, par naufrage ou relâche forcée* ».

Les marchandises privées ennemies n'ayant pas un caractère de contrebande de guerre qui se trouvent sur un navire privé ou sur un navire public ne sont pas toujours inviolables ; elles peuvent être, dans certains cas, frappées de saisie : il en sera ainsi notamment si elles appartiennent soit au propriétaire d'articles de contrebande transportés par le même navire, soit au propriétaire d'un navire participant d'une façon quelconque aux hostilités ou commettant des actes interdits aux neutres comme assistance hostile, ou si elles sont à bord d'un navire coupable de violation de blocus au cas où il n'est pas prouvé qu'au moment où elles ont été embarquées le chargeur ignorait ou ne pouvait connaître l'intention de violer le blocus. Quant aux marchandises publiques ennemies, elles ne bénéficient en aucune hypothèse de l'inviolabilité : qu'elles soient à bord d'un navire public ou d'un navire privé, elles sont susceptibles de retenue et exceptionnellement de saisie.

Ne convient-il pas, cependant, de faire une situation spéciale à des marchandises privées ou publiques présen-

tant un caractère particulier ? Le projet ne prévoyait, à
cet égard, aucune exception : il n'avait proclamé le principe d'une inviolabilité absolue que pour certains navires,
il n'avait pas songé à l'appliquer aussi à certaines marchandises. Il y avait là une lacune manifeste. En effet, de même
qu'il y a des navires qui sont consacrés à un service hospitalier, aux cultes, à la charité, à l'instruction, aux arts
ou aux sciences, et qui comme tels doivent être spécialement protégés, de même il peut exister à bord de navires
n'ayant pas ces caractères particuliers des objets et des
matériaux appartenant à l'Etat ennemi ou à ses sujets qui
sont destinés aux soins des malades et des blessés ou sont
affectés aux cultes, à la charité et à l'instruction, aux arts
et aux sciences, et dont il n'est pas moins utile, dans un
intérêt supérieur d'humanité et de civilisation, d'assurer
le respect.

L'attention de la Commission a été appelée sur cette
lacune du projet par M. Kaufmann, qui lui a demandé
d'insérer dans le Manuel deux articles ainsi conçus :

1° « *Les objets et matériaux ennemis qui servent exclusivement à soigner les malades et les blessés, et qui sont
chargés sur un navire public ennemi ou sur un navire
privé ennemi, doivent, même s'ils appartiennent à l'Etat
ennemi, être respectés et ne peuvent en général pas être
saisis par l'ennemi.*

« *Seulement, en cas de nécessité militaire importante,
l'ennemi peut les réquisitionner moyennant une indemnité* ».

2° « *Les biens meubles ennemis consacrés aux cultes,
à la charité et à l'instruction, aux arts et aux sciences, qui
sont chargés sur un navire public ennemi ou sur un navire
privé ennemi, ne peuvent, même s'ils appartiennent à
l'Etat ennemi, être saisis ou réquisitionnés ou préemptés
par l'ennemi.*

« *Toute saisie, destruction ou dégradation intention-nelle de semblables biens meubles est interdite et doit être poursuivie.*

« *Toutefois ils peuvent être retenus, sauf restitution après la guerre, s'il y a des appréhensions sérieuses que, vu la valeur de ces objets, l'adversaire pourrait les utiliser pour les buts de la guerre en les vendant ou en les réali-sant autrement. Dans le cas d'une telle rétention, il sera dressé un protocole conformément aux prescriptions de l'article*.... (relatif aux réquisitions, art. 56 du projet) ».

Ces articles ont été adoptés par la Commission avec une correction de pure forme : elle en a supprimé les passages concernant la réquisition des objets dont ils par-laient, attendu qu'en vertu d'une décision antérieure elle avait résolu de consacrer des dispositions spéciales au droit de réquisition.

Il a été décidé, sur la proposition de M. Paul Fauchille, que les articles proposés par M. Kaufmann seraient insé-rés dans le Manuel sous le titre des *Dispositions communes aux navires privés et publics* immédiatement après l'ar-ticle 33 du projet, devenu l'article 43 de la Commission : ils ont dès lors été votés comme articles 44 et 45.

La Commission les a acceptés à l'unanimité et sans dis-cussion. M. Hagerup a seulement émis quelques doutes sur la nécessité de l'alinéa final du second article qui lui a semblé viser une hypothèse un peu subtile.

Art. 45-49. — Bâtiments hospitaliers. — Navires de cartel.

Ces articles du projet, qui reproduisaient textuellement les articles 41 à 45 du Manuel d'Oxford du 9 août 1913, n'ont soulevé aucune objection importante de la part des membres de la Commission. Il n'était pas contestable qu'une disposition était indispensable pour déclarer exempts de saisie les navires *publics* hospitaliers et de cartel, car les navires publics ne sont pas inviolables comme tels, mais sont en principe saisissables sous obligation de restitution sans indemnité après la guerre. Il aurait pu sembler, au contraire, que, dans un Manuel ayant comme base la règle de l'inviolabilité de la propriété privée ennemie, on ne devrait pas prévoir spécialement, pour les proclamer exempts de saisie, les navires *privés* affectés à un service hospitalier ou utilisés comme navires de cartel : ces navires n'échappent-ils pas déjà à la saisie en tant que bâtiments privés ? En réalité, ce raisonnement n'eût pas été exact. En effet, les navires privés deviennent saisissables lorsqu'ils participent directement ou indirectement aux hostilités ; or, dans la rigueur du droit, on peut considérer que les bâtiments hospitaliers et les navires de cartel prennent part indirectement, par leurs fonctions mêmes, aux opérations de la guerre.

M. Edouard Rolin Jaequemyns s'est demandé si ce n'était pas par inadvertance que, dans les articles 43 et 44 du Manuel d'Oxford, relatifs à la protection des infirmeries des navires, devenus les articles 47 et 48 du projet, on avait mis le mot « vaisseaux » au lieu du mot « bâtiments » qu'on avait toujours employé dans le Manuel pour désigner les navires de guerre. Mais M. Paul Fauchille a répondu qu'en se servant du mot « vaisseaux » on n'avait fait que se conformer au texte même des articles 7 et 8 de la Convention de La Haye du 18 octobre 1907 pour l'adaptation à la guerre maritime des principes de la Convention de Genève, dont les articles 43 et 44 du Manuel d'Oxford (47 et 48 du projet) sont la reproduction, et que d'ailleurs la substitution du mot vaisseau au mot bâtiment avait sa raison d'être, attendu que les infirmeries dont il est question dans ces articles ne se conçoivent vraiment

que sur de gros navires et que dans la langue française le
mot vaisseau désigne plus spécialement les navires d'une
certaine dimension. Après cette explication, M. Edouard
Rolin Jaequemyns a déclaré ne pas insister sur son observation.

Art. 50. — Navires chargés de missions. — *Sont exempts
de saisie les navires publics chargés de missions religieuses,
scientifiques ou philanthropiques.*

Cet article du projet est la reproduction de l'article 46
du Manuel d'Oxford avec cette seule différence que, dans
ce Manuel basé sur le droit de capture, il était question
des navires d'une manière générale, ce qui comprenait les
navires privés aussi bien que les navires publics. C'est
intentionnellement que l'auteur du projet avait restreint
l'exception de saisie aux navires *publics* chargés de missions, car il avait estimé que, dans un Manuel fondé sur
l'inviolabilité de la propriété privée ennemie, les navires
privés sont déjà, comme tels, soustraits à la saisie : il n'y
avait donc lieu de prévoir la protection spéciale des navires à raison des missions dont ils sont chargés qu'en ce
qui concerne les navires *publics,* lesquels sont, en règle
générale, saisissables avec obligation de restitution sans
indemnité après la guerre. Aucun des membres de la Commission n'a contesté au fond l'exactitude de cette observation. Mais plusieurs d'entre eux, parmi lesquels MM. Kaufmann, Edouard Rolin Jaequemyns et Hagerup, ont fait
remarquer qu'une spécification, telle que la faisait le projet, ne serait peut-être pas suffisamment comprise de ceux
qui, comme les officiers de marine appelés surtout à faire
usage du Manuel, ignorent les finesses du droit, et qu'elle
pourrait en conséquence prêter à de fausses interpréta-

tions : ne serait-il pas à craindre qu'en voyant le texte ne
prononcer l'exemption de saisie qu'en faveur des navires
publics chargés de missions, on en conclut par *a contrario*
que cette exemption doit être refusée aux navires privés
dans les mêmes conditions ? Pour éviter cette interprétation inexacte du texte, M. Paul Fauchille proposa de dire :
« *même* les navires publics » et M. Dupuis insinua qu'on
pourrait écrire : « les navires *même* publics ». M. Kaufmann préféra l'expression générique : « navires ennemis ». M. Edouard Rolin et M. Hagerup ont été d'avis que
le plus simple était de s'en tenir au texte même du Manuel
d'Oxford en parlant uniquement des « navires ». C'est à
cette dernière opinion que la Commission s'est ralliée, et
l'article 50 du projet, devenu l'article 51 de la Commission, a été voté dans la formule suivante :

« *Sont exempts de saisie les navires chargés de mis-*
sions religieuses, scientifiques ou philanthropiques ».

Art. 51. — Bateaux affectés au pilotage ou au service
des phares et à la navigation intérieure. — *Les bateaux*
publics exclusivement affectés au pilotage ou au ser-
vice des phares, comme aussi ceux destinés à naviguer
principalement sur les fleuves, canaux et lacs, sont
exempts de saisie, ainsi que leurs engins, agrès, apparaux
et chargements.

Il est interdit de profiter du caractère inoffensif des-
dits bateaux pour les employer dans un but militaire en
leur conservant leur apparence pacifique.

Cet article différait, sous plusieurs points de vue, du
texte correspondant, c'est-à-dire de l'article 47 du Manuel
d'Oxford du 9 août 1913.

En effet : 1° Il ne visait spécialement, pour les exempter de saisie, que les bateaux *publics*, alors que le texte d'Oxford parlait des « bateaux » d'une manière générale. En statuant de la sorte, l'auteur du projet n'avait nullement eu l'intention de soumettre à la saisie les bateaux *privés* ; s'il les avait passés sous silence c'est qu'à son sens ces bateaux se trouvaient déjà insaisissables à raison de leur caractère privé, puisque d'après le Manuel la propriété privée ennemie doit jouir du bénéfice de l'inviolabilité. Mais cette manière de procéder a rencontré au sein de la Commission les mêmes objections que celle qui avait été suivie dans le projet au sujet des navires chargés de missions. La Commission a décidé, sur l'article 51 comme sur l'article 50, et pour les mêmes raisons, qu'on s'abstiendrait de toute spécification, qu'on parlerait simplement des « bateaux » d'une façon générique : le texte d'Oxford a été à cet égard purement et simplement rétabli.

2° L'article 47 du Manuel d'Oxford faisait échapper expressément à la saisie les « bateaux exclusivement affectés à la pêche côtière ou à des services de petite navigation locale ». Le projet n'a pas cru nécessaire de reproduire cette disposition dans son article 51. Mais, s'il a agi ainsi, ce n'est pas qu'il estimait que ces bateaux devaient être reconnus saisissables. La pensée qui l'inspirait était qu'on conçoit difficilement que des navires affectés à la pêche côtière ou à des services de petite navigation locale puissent avoir un caractère public, et que lorsqu'ils sont des navires privés ils se trouvent déjà comme tels soustraits à la saisie. M. Kaufmann a fait observer que si les bateaux exclusivement affectés à la pêche côtière ne présentent guère un caractère public, il peut, au contraire, arriver que des navires destinés à des services de petite navigation locale aient un tel caractère. La Commission a jugé plus sage, afin d'éviter toute fausse interprétation, de prévoir formellement l'exemption de saisie pour les bateaux en question sans faire aucune spécification en ce qui concerne leur caractère public ou privé : elle a donc, ici encore, décidé d'en revenir au texte du Manuel d'Oxford. Cette décision n'a pas été, toutefois, sans donner lieu, dans la Commission, à certaines objections. Deux membres de celle-ci, M. Edouard Rolin Jaequemyns et M. Hagerup, ont en effet émis des doutes sur l'utilité d'exempter de saisie les bateaux publics qui seraient affectés à la pêche côtière ou à des services de petite navigation locale ; ils ont estimé qu'il conviendrait de ne parler dans l'article 51 que des navires exclusivement affectés au pilotage ou au service des phares, en ajoutant : « alors même qu'ils appartiennent à l'Etat ». « On comprend, a dit M. Hagerup, qu'on fasse une situation différente à ces diverses catégories de navires, car on se trouve à leur sujet en présence de considérations opposées. S'agit-il de navires affectés au service du pilotage et des phares ? il y a un intérêt public à ce qu'ils puissent être exemptés de saisie. S'agit-il de la pêche côtière ? c'est de l'intérêt privé des propriétaires qu'il s'agit, le cas d'intérêt public ne se trouve plus en jeu ».

La question de l'exemption de saisie des bateaux consacrés au service des phares et à celui du pilotage n'a pas fait, au sein de la Commission, l'objet de longues observations. M. Dupuis est le seul membre qui, en ce qui concerne certains de ces bateaux, ait adressé une critique à la disposition du projet : il a émis l'opinion qu'on ne devrait pas exempter de « saisie » les navires du service de pilotage. Mais l'opinion qu'il exprimait ainsi tenait en réalité à ce qu'il supposait que la saisie dont ces navires étaient exemptés comprenait aussi bien la réquisition que la saisie proprement dite. Or M. Edouard Rolin Jaequemyns lui a fait remarquer que tel n'était pas le sens que le projet, non plus que le Manuel d'Oxford, avait attribué au mot saisie, et que l'interdiction de la saisie ne devait pas nécessairement empêcher la réquisition. M. Dupuis, revenant sur son observation, a alors demandé que cela fut dit expressément ; satisfaction lui a été donnée dans une certaine mesure, ainsi qu'on le verra plus loin, dans l'article 55 du Manuel consacré par la Commission à l'exercice du droit de réquisition (1).

Une discussion assez vive s'est au contraire produite, parmi les membres de la Commission, au sujet de la situation qu'il convient de faire aux « bateaux publics destinés à naviguer principalement sur les fleuves, canaux et lacs », lorsque, exceptionnellement, ils naviguent sur la mer. Ces bateaux doivent-ils ou non être soustraits à la saisie ?

M. Kaufmann a critiqué la solution donnée à cet égard par l'article 51 du projet, qui les déclarait exempts de saisie. Et, pour appuyer sa critique, il faisait observer que dans la guerre sur terre, en vertu de l'article 53 des Règlements de La Haye du 29 juillet 1899 et du 18 octobre 1907, les bateaux dont il s'agit sont saisissables lorsqu'ils appartiennent à l'Etat ; pourquoi ces bateaux seraient-ils traités moins rigoureusement lorsqu'ils naviguent sur mer ? Il n'y a, a-t-il dit, aucune raison de créer ainsi une disparité de condition entre les règles de la guerre terrestre et celles de la guerre maritime.

A cette objection de M. Kaufmann M. Paul Fauchille a opposé plusieurs réponses. Il a d'abord remarqué qu'avec le système d'assimilation préconisé par son collègue, les bateaux affectés à la navigation fluviale seraient, lorsque naviguant sur mer ils sont soumis aux règles de la guerre maritime, traités d'une façon exceptionnellement sévère,

---

(1) V. ci-après, p. 110 et suiv.

puisqu'ils devraient être, par application de l'article 53 des Règlements de La Haye, suivant qu'ils appartiennent à des particuliers ou à l'Etat, soumis à retenue ou à saisie, alors qu'en principe tous les autres navires privés sont inviolables et tous les autres navires publics seulement susceptibles de retenue : est-il possible d'admettre cette conséquence dans un Manuel qui a comme base la règle de l'immunité de la propriété privée ? Il a fait ensuite observer que, si l'opinion de M. Kaufmann devait prévaloir, il en résulterait que la situation des navires fluviaux serait moins bonne dans la guerre maritime sous l'empire d'un Manuel fondé sur l'idée d'inviolabilité que sous celui d'un Manuel, comme le Manuel d'Oxford, basé sur le droit de capture, attendu que d'après l'article 47 de ce dernier Manuel ces navires sont d'une manière générale déclarés exempts de saisie : ce défaut de concordance entre les deux Manuels ne constituerait-il pas une véritable inconséquence ? M. Fauchille a fait enfin une dernière observation : en fait, a-t-il dit, les bateaux fluviaux qui naviguent exceptionnellement sur mer n'accompliront dans la réalité qu'un service de navigation *locale* ; à ce titre ils rentreront donc dans la catégorie des bateaux dont s'occupe la Convention de La Haye, n° XI, du 18 octobre 1907, relative à certaines restrictions à l'exercice du droit de capture dans la guerre maritime ; et l'article 3 de cette convention déclare expressément que « les bateaux exclusivement affectés à des services de petite navigation locale sont exempts de capture, ainsi que leurs engins, agrès, apparaux et chargement ».

M. Kaufmann a répliqué à M. Paul Fauchille. « On ne peut pas supposer, a-t-il dit, que les bateaux publics dont il s'agit ne seront toujours employés qu'à une navigation locale. L'article 47 du Manuel d'Oxford, en parlant des navires destinés à naviguer principalement sur les fleuves,

canaux et lacs, s'est sans doute servi de l'expression générique « navires » ; mais c'est moi qui, le premier, ai proposé de faire à ces navires une situation privilégiée, or
je n'avais alors pensé qu'aux navires *privés,* et il est vrai-
semblable que telle a été aussi l'intention de l'Institut de
droit international ».

M. Dupuis a contesté l'interprétation que M. Kaufmann
a donnée de l'article 53 des Règlements de La Haye sur la
guerre sur terre et, par suite, la solution qu'à raison de
cette interprétation il entendait appliquer aux bateaux
fluviaux : « Il n'est pas prouvé, a-t-il dit, que dans la guerre
terrestre le bateau de navigation fluviale puisse être *confisqué ;* à coup sûr il pourra être *utilisé,* mais il est possible
qu'on ne puisse aller au-delà ; les dispositions du Règlement de la guerre terrestre prêtent en effet à discussion.
J'estime qu'on peut déclarer exempts de saisie les bateaux
dont il s'agit, à la condition que l'interdiction de la saisie
n'autorise pas celle de la réquisition : il faut les traiter
comme des wagons ou comme des locomotives qui peuvent
être utilisés par l'Etat occupant ».

M. Edouard Rolin Jaequemyns a pensé qu'on pourrait
faire disparaître de l'article 51 la disposition exemptant
de saisie les bateaux fluviaux, non pas parce qu'il croit
comme M. Kaufmann que ces bateaux doivent être sujets
à saisie, mais parce que le droit commun tel que le proclame le Manuel lui paraît suffire à leur assurer une condition convenable. « A Oxford, a-t-il dit, l'Institut de droit
international a voté le principe de la capture, mais tout en
y étant hostile ; en conséquence, l'Institut a multiplié les
exceptions au principe. A l'heure actuelle, ici, l'on s'occupe
d'élaborer un Manuel fondé sur l'idée d'inviolabilité, la
règle générale adoptée est très libérale ; on peut dès lors
la maintenir sans y apporter de nombreuses exceptions ».

Après cet échange de vues, la proposition de M. Kauf-

mann, tendant à modifier le texte de l'article 51 du projet
en en faisant disparaître le passage relatif aux bateaux
fluviaux, fut mise aux voix. La Commission l'a repoussée
par trois voix (MM. Dupuis, Paul Fauchille et Hagerup)
contre deux (MM. Kaufmann et Edouard Rolin Jaequemyns).

Le texte de l'article 47 du Manuel d'Oxford a été dès
lors, par la Commission, substitué, dans son intégralité, à
l'article 51 du projet. Cet article 51, devenu l'article 52 de
la Commission, a été en effet formulé en ces termes :

« *Les bateaux exclusivement affectés à la pêche
côtière ou à des services de petite navigation locale, y
compris ceux exclusivement affectés au pilotage ou au
service des phares, comme aussi les navires destinés à
naviguer principalement sur les fleuves, canaux et lacs,
sont exempts de saisie, ainsi que leurs engins, agrès, apparaux et chargements.*

« *Il est interdit de profiter du caractère inoffensif desdits
bateaux pour les employer dans un but militaire en leur
conservant leur apparence pacifique* ».

Est-ce toutefois à titre définitif que la Commission a
entendu adopter ainsi le texte du Manuel d'Oxford ? C'est
seulement *à titre provisoire* qu'elle lui a donné son assentiment. Elle a effectivement voté par quatre voix et une
abstention (M. Kaufmann) une proposition de M. Hagerup tendant à maintenir provisoirement le texte intégral
du Manuel d'Oxford, et à laisser à l'Institut le soin de
décider si ce texte devait être conservé d'une façon
rigoureuse. Elle a pensé que, vu les discussions auxquelles
l'article avait donné lieu de la part de ses membres,
il lui faudrait, si on voulait le modifier, entrer dans de
multiples distinctions suivant la nature des navires envi-
sagés (bateaux affectés au pilotage, au service des phares,
à la pêche côtière, etc.) qui l'entraîneraient fort loin.

7

Art. 52. — Navires munis d'un sauf-conduit ou d'une licence. — *Sont exempts de saisie les navires publics ennemis pourvus d'un sauf-conduit ou d'une licence.*

Il avait paru à l'auteur du projet que, puisque le Manuel proclamait en principe l'inviolabilité de la propriété privée ennemie, il n'avait pas à prévoir l'influence sur la situation des navires *privés* de l'octroi d'un sauf-conduit ou d'une licence : les navires privés échappaient comme tels à la saisie, indépendamment d'un sauf-conduit ou d'une licence. C'est seulement en ce qui concerne les navires *publics,* soumis à retenue, que l'obtention d'un sauf-conduit ou d'une licence pouvait avoir quelque effet. Mais, ici encore, ainsi qu'elle l'avait jugé relativement aux navires chargés de missions et autres prévus par les articles 50 et 51 (1), la Commission a jugé préférable, pour éviter toute interprétation erronée, de ne pas faire de spécification, de parler des navires d'une façon générale ; elle a donc, comme article 53, substitué à l'article 52 du projet l'article 48 du Manuel d'Oxford, ainsi conçu :

« *Sont exempts de saisie les navires ennemis pourvus d'un sauf-conduit ou d'une licence* ».

Art. 53. — *Les exceptions visées dans les articles 45, 46, 49, 50, 51 et 52 cessent d'être applicables si les navires qui en font l'objet participent d'une façon quelconque aux hostilités ou commettent d'autres actes qui sont interdits aux neutres comme assistance hostile.*

Il en est de même si, sommés de s'arrêter pour être sou-

---

(1) V. ci-dessus, p. 90 et suiv.

*mis à la visite, ils essayent de s'y soustraire par la force
ou par la fuite.*

Cette disposition du projet n'a subi d'autres modifications que celles nécessitées par la différence du numé-
rotage des articles du projet primitif et des articles du
projet de la Commission : aux mots « les articles 45, 46,
49, 50, 51 et 52 » ont été substitués les mots « les articles
46, 47, 50, 51, 52 et 53 ».

Art. 54. — Droit de réquisition et droit de préemption.
— *En dehors de ceux qui servent de cartel ou sont affectés au service hospitalier, au service des pilotes ou des
phares, à un service postal régulier, au service de missions religieuses, scientifiques ou philantrophiques, comme
de ceux qui sont exclusivement affectés à la pêche côtière ou à des services de petite navigation locale, les
navires privés ennemis peuvent, si les nécessités de la
guerre l'exigent, être l'objet de réquisitions par les belligérants, à la charge d'une équitable indemnité ou de dommages-intérêts, s'il y a lieu, qui seront fixés par le tribunal des prises compétent. Les réquisitions doivent être,
autant que possible, payées au comptant ; sinon elles
seront constatées par des reçus, et le payement des sommes
dues sera effectué le plus tôt possible. Elles ne peuvent
être réclamées qu'avec l'autorisation du commandant du
bâtiment requérant.*

Art. 55. — *Les belligérants peuvent, dans les mêmes
conditions, préempter, même à bord des navires privés
ennemis, les cargaisons ennemies qui sont nécessaires à
l'approvisionnement ou au ravitaillement immédiats de
leurs flottes.*

Art. 56. — *Il sera dressé par le requérant un pro-*

tocole, qui constatera les nécessités de la guerre exigeant
la réquisition ou la préemption, et dans lequel il sera fait
des objets réquisitionnés ou préemptés, autant que possible
par des personnes impartiales, une estimation et un inven-
taire soigneux. Ce protocole sera transmis au tribunal
des prises.

Si dans la guerre maritime un belligérant n'a pas le
droit de s'approprier la propriété privée ou la propriété
publique de son adversaire lorsqu'elle a un caractère
pacifique, peut-il, du moins, la réquisitionner afin de l'utiliser si sa force armée en a besoin ? Une escadre manque,
par exemple, de navires pour opérer un transport de vivres,
de matériel de guerre, de troupes ou de dépêches; le belligérant pourra-t-il, pour faire ce transport, se servir, quitte à le
laisser libre après l'accomplissement de sa mission, du bâtiment de commerce d'un particulier ennemi ou d'un garde-
côte de son adversaire qui passera à proximité et que normalement il ne pourrait saisir ou pourrait seulement retenir
jusqu'à la paix sans l'utiliser ? De même, un bâtiment de
guerre n'a pas à son bord les objets nécessaires à son
approvisionnement ou à son ravitaillement ; sera-t-il en
droit de les demander à un navire privé ou à un navire
public de l'ennemi qu'il rencontrera, bien que régulièrement il n'ait pas sur les objets que ces navires transportent,
pas plus que sur les navires eux-mêmes, un droit de saisie
ou de capture ? On admet, dans la guerre sur terre, qu'en
dépit du principe de l'inviolabilité de la propriété privée
les belligérants peuvent faire des réquisitions en pays
ennemi, et on donne comme fondement à ce droit de
réquisition les nécessités militaires : la propriété inoffensive doit être sacrifiée à un intérêt public pressant ;
l'armée qui n'a pas les choses indispensables à son existence doit pouvoir les prendre là où elle les trouve. Mais

puisque ce sont les seules nécessités de la guerre qui sur
terre donnent au droit de réquisition son autorité, elles
doivent aussi lui imposer ses limites : les réquisitions
ne s'expliquent que parce qu'elles sont nécessaires et dans
les limites où elles le sont. On ne voit pas pourquoi les
règles admises ainsi dans la guerre continentale ne devraient pas être également suivies dans la guerre maritime:
les nécessités qui les légitiment dans le premier cas peuvent se produire dans le second, et elles ne sauraient avoir
des effets différents. Telle est bien, d'ailleurs, la solution
qui a été donnée par la Convention de La Haye n° VI, du
18 octobre 1907, relative au régime des navires de commerce ennemis au début des hostilités : les articles 2, 3
et 4 de cette convention, après avoir déclaré sujets
seulement à retenue pendant la guerre les navires de
commerce d'un belligérant, avec leurs cargaisons, qui
n'ont pas, au commencement des hostilités, quitté le port
de l'adversaire où ils étaient entrés sans les connaître, ou
sont rencontrés en mer par celui-ci dans l'ignorance de
l'état de guerre, disent, en effet, que ces navires et leur
chargement peuvent être « réquisitionnés » à charge
d'indemnité. C'est aussi l'opinion que le projet de Manuel
a consacrée. Celui-ci a reconnu que le droit de réquisition
pouvait exister dans la guerre maritime comme dans la
guerre terrestre, en le limitant à divers points de vue par
les nécessités mêmes qui l'expliquent. Et il a proclamé
l'existence de ce droit ainsi limité, tant en ce qui concerne
la propriété privée, inviolable en principe dans la guerre
sur mer, qu'en ce qui concerne la propriété publique,
sujette d'une manière générale à une simple retenue sans
indemnité, et vis-à-vis des navires comme vis-à-vis des
marchandises transportées à leur bord. Il a cru toutefois
ne devoir le faire *expressément* dans les articles 54 et 55,
spéciaux au droit de réquisition, qu'en ce qui touche les

navires et les marchandises *privés* de l'ennemi ; car il lui a semblé qu'en admettant la réquisition pour les choses privées, qui jouissent en règle générale de l'inviolabilité, il fallait nécessairement, à plus forte raison, l'admettre pour les choses *publiques* sur lesquelles le belligérant a normalement un droit plus fort : celui de les retenir sans indemnité : c'est donc uniquement d'une manière *implicite* que le projet a reconnu à l'égard de ces choses l'existence du droit de réquisition ; l'article 55, en déclarant passibles de réquisition « *même* à bord des navires privés » les cargaisons ennemies nécessaires à l'approvisionnement ou au ravitaillement immédiats des flottes, a du reste suffisamment indiqué que les marchandises sont susceptibles de réquisition sur les navires publics comme sur les navires privés. Un autre motif avait encore amené à ne faire, dans les articles 54 et 55 du projet, une allusion formelle qu'au droit de réquisition des choses privées : c'est que dans des articles précédents du Manuel il avait déjà été question explicitement du droit de réquisition en ce qui touche les navires et les marchandises publics : les articles 35 et 39 avaient en effet déclaré que la propriété publique ennemie à bord des navires privés qui ne présente pas une nature hostile peut être saisie moyennant l'obligation de la restituer après la guerre sans indemnité, *ou être réquisitionnée sans indemnité,* et les articles 41 et 44 avaient de même stipulé que les navires publics ainsi que les marchandises appartenant à l'Etat qui y sont chargées sont, sauf les exceptions ci-après indiquées, sujets à saisie par l'ennemi moyennant l'obligation de les restituer après la guerre sans indemnité *ou à être réquisitionnés à charge d'indemnité.*

Quelle a été, au point de vue du principe du droit de réquisition, la solution adoptée par la Commission ? Celle-ci n'a pas hésité à consacrer, comme le projet, l'existence de ce droit dans la guerre maritime en ce qui concerne la propriété publique comme en ce qui touche la propriété privée. Mais elle a fait subir au texte qui la stipulait une double modification de forme :

1° Elle a, d'abord, estimé, sur l'invitation de M. Edouard Rolin Jaequemyns, — et on ne saurait à cet égard qu'approuver sa décision — qu'il serait plus clair en même temps que plus rationnel de réunir d'une manière explicite, dans des dispositions uniques, ce qui avait trait à la fois à la réquisition de la propriété privée et à celle de la propriété publique. Elle a donc supprimé des articles 35, 39, 41 et 44 les allusions qui y étaient faites au droit, pour le belligérant, de réquisitionner avec indemnité les navires appartenant à l'Etat ennemi et les marchandises publiques se trouvant sur ces navires ou sur des navires privés, pour les faire entrer, expressément, sous le titre du droit de réquisition, dans les articles 54 et 55 relatifs à la propriété privée.

2° Elle a estimé, d'autre part, sur la demande de M. Dupuis, et conformément à une suggestion que lui avait faite M. Strisower dans ses observations écrites, que, contrairement à ce qu'avait fait le projet, on devait désigner par le même terme de « réquisition » l'utilisation par le belligérant des marchandises de son ennemi aussi bien que celle des navires de ce dernier. Le projet, s'inspirant d'une terminologie en usage (1), avait en effet réservé le mot « réquisition » à la réquisition des navires et employé le mot « préemption » pour la réquisition des marchandises. La 20° Commission a pensé que le terme « préempter »,

_____

(1) V. de Boeck, *De la propriété privée ennemie sous pavillon ennemi*, n° 728, p. 697. — V. aussi décision du Conseil des prises français du 22 octobre 1870, affaire du vapeur *Pfeil*, dans Barboux, *Jurisprudence du Conseil des prises pendant la guerre de 1870-1871*, p. 128-130.

à l'opposé de l'expression « réquisitionner », évoquait l'idée
d'un payement *immédiat* nécessaire, ce qui n'était dans la
pensée ni du projet, ni de la Commission. Si le projet
avait parlé de préemption pour les marchandises et de
réquisition pour les navires, c'était parce que le mot
préemption, en faisant apparaître l'idée d'achat, indiquait
mieux la différence qui, par la nature des choses, distingue
la réquisition des marchandises de la réquisition des navires : les navires réquisitionnés doivent, leur mission
accomplie, être rendus à leurs propriétaires ; les marchandises réquisitionnées, étant en général des choses qui se
consomment par l'usage qui en est fait, ne peuvent être
l'objet d'une restitution.

Mais si la Commission n'a, relativement au principe
du droit de réquisition, apporté au projet que des changements de pure forme, elle lui a, au contraire, fait subir
des modifications de fond assez importantes en ce qui
concerne les conditions dans lesquelles ce droit peut être
exercé. Elle a, d'une manière générale, soumis le droit de
réquisition à des limitations moins graves que celles du
projet. Les modifications qu'à cet égard elle a introduites
ont trait : 1° au dédommagement que le réquisitionné est
en droit d'obtenir ; 2° à l'autorité chargée de fixer l'indemnité due au réquisitionné ; 3° aux choses sur lesquelles les
réquisitions peuvent porter.

1° Le projet avait prescrit que, dans tous les cas, une
indemnité devait être payée au réquisitionné, qu'il s'agisse
de propriété publique ou de propriété privée. Cela paraissait en effet indispensable en ce qui concerne cette dernière : la propriété privée ennemie doit en principe être res-
pectée ; et si, par suite des nécessités de la guerre, il est
porté atteinte à cette règle, il est juste que son propriétaire,
qui ne doit pas souffrir dans ses biens des conséquences
de la guerre, soit indemnisé. Le payement d'une indemnité

avait semblé également équitable à l'auteur du projet, lorsque la réquisition portait sur une chose de l'Etat ennemi dont le caractère était inoffensif. Quels sont, en effet, les droits de l'ennemi sur ces choses ? Il n'a pas le pouvoir de les capturer parce qu'elles ne présentent pas par elles-mêmes un caractère qui doive faire présumer leur emploi aux usages de la guerre ; il ne peut que les retenir sans indemnité avec obligation de les restituer à la paix, afin d'empêcher la partie adverse de s'en servir éventuellement contre lui dans un but belliqueux. Mais si, au lieu de les laisser ainsi, au détriment de son adversaire, en dehors des hostilités, le belligérant les utilise lui-même pour des opérations de guerre contre cet adversaire, n'est-il pas juste qu'il ne puisse s'en servir qu'en l'indemnisant : sinon, la situation ne serait vraiment plus égale entre les deux parties.

L'assimilation que le projet a faite ainsi, au point de vue du droit à indemnité, entre la propriété publique et la propriété privée, n'a pas été consacrée par la Commission. Celle-ci, sur la proposition de MM. Dupuis et Edouard Rolin Jaequemyns, a fait une distinction très nette entre les deux sortes de propriétés. Si elle a décidé qu'une équitable indemnité serait due, en cas de réquisition, aux propriétaires des navires et des marchandises privés, elle a au contraire refusé d'admettre le payement d'une pareille indemnité lorsque les choses réquisitionnées, quoique d'un caractère pacifique, appartiennent à l'Etat ennemi : elle a jugé que, par cela seul que ces choses appartiennent à une entité juridique qui a la qualité d'ennemi, celui qui s'en sert ne doit être tenu d'aucun dédommagement. A l'appui de cette opinion, la Commission a encore argumenté de ce qui se passe pour la propriété publique dans la guerre sur terre où on admet que la propriété publique peut être réquisitionnée sans indemnité. Mais on peut faire remarquer que sur terre, d'après l'article 53, alinéa 1, du Règlement de La Haye du 18 octobre 1907, cette propriété publique peut normalement être saisie purement et simplement, tandis que sur mer, d'après le projet de la Commission lui-même, elle ne peut être que séquestrée sauf restitution ; or, quand une propriété est seulement soumise à un séquestre, si on la réquisitionne ce ne peut être que moyennant indemnité ainsi qu'il apparaît, pour la guerre sur terre elle-même, de l'article 52 et de l'article 53, alinéa 2, du Règlement de La Haye concernant la propriété des particuliers.

La solution ainsi admise par la Commission, qui avait paru excessive à l'auteur du projet, n'est-elle pas au surplus en contradiction avec certaines dispositions insérées par l'Institut dans son Manuel d'Oxford de 1913 basé sur le droit de capture ? Les articles 37, 38 et 39 de ce Manuel font échapper au droit de capture, pour les soumettre seulement à un droit de retenue sans indemnité avec obligation de restitution à la paix, les navires publics ou privés qui, ignorants des hostilités, sont, au début de celles-ci, trouvés dans un port ennemi ou rencontrés en mer après un certain délai ; mais ils permettent au belligérant de les réquisitionner : seulement ils ne lui reconnaissent ce droit de réquisition qu'à *charge d'indemnité*. On peut également se demander si elle est bien d'accord avec celle que l'article 106 du Manuel d'Oxford, reproduit dans l'article 114 du présent projet adopté par la Commission, a donnée en ce qui concerne l'emploi des navires saisis : cet article permet au belligérant qui saisit un navire ennemi, public ou privé, de l'employer immédiatement à son usage, si la nécessité le commande, sans attendre la décision du tribunal des prises qui seule l'en rendra propriétaire, mais il admet que, dans ce cas, il doit être procédé à une estimation et à un inventaire à transmettre au tribunal des prises, ce qui laisse supposer que si la saisie n'est pas validée une indemnité sera due par le capteur pour l'emploi qui aura été fait ; or l'emploi d'un navire ennemi qui ne pouvait pas être saisi n'équivaut-il pas en définitive à sa réquisition ?

2° Le projet de Manuel prévoyait qu'en dehors d'une équitable indemnité représentant la valeur des objets réquisitionnés et la juste récompense du service rendu, le réquisitionné pouvait, s'il y a lieu, obtenir des dommages-intérêts. Il se peut, par exemple, que le transport des objets pour lesquels un navire a été réquisitionné ait, à raison de la nature ou du poids de ces objets, causé un dommage au navire, ou que la cargaison de celui-ci qu'il a fallu débarquer pour opérer le transport ait été détériorée ; il est possible aussi que le navire, tandis qu'il est employé au service d'un belligérant, fasse naufrage, subisse des avaries ou soit saisi et confisqué par un croiseur de l'autre belligérant. De même, on peut concevoir qu'il y ait, en ce qui concerne les marchandises, abus et exercice indu du droit de réquisition : le bâtiment de guerre ou l'escadre, pour les prétendus besoins desquels les denrées ont été réquisitionnées, avait en réalité tout ce qui lui était nécessaire pour la conduite des hostilités. La Commission, contrairement à ce qu'avait décidé le projet, n'a point envisagé l'allocation de dommages-intérêts en dehors de celle d'une équitable indemnité.

Par qui cette indemnité sera-t-elle déterminée ? Ici encore, une divergence de vues s'est produite entre le projet primitif et celui de la Commission. Les articles 54 et 56 du projet déclaraient que l'indemnité serait fixée par le tribunal des prises compétent et, afin de faciliter l'œuvre de ce tribunal, stipulaient que le protocole d'estimation et d'inventaire des objets réquisitionnés lui serait transmis. L'intervention d'un tribunal des prises — qui, vu les tendances manifestées par les Etats à la Conférence de la Paix de 1907, ne tardera pas sans doute à présenter un caractère international — avait paru à l'auteur du projet devoir constituer, pour le réquisitionné, une garantie précieuse. Cette façon de procéder a été cependant critiquée au sein de la Commission. M. Edouard Rolin Jaequemyns a contesté que l'indemnité dût être soumise à l'appréciation de la juridiction des prises ; il a demandé qu'elle fût fixée par le commandant du navire requérant, d'une manière d'ailleurs équitable : on n'enverra donc pas au tribunal des prises le protocole d'estimation et d'inventaire, mais copie en sera remise au capitaine ou au patron du bâtiment réquisitionné. Et cette opinion de M. Edouard Rolin a été approuvée par M. Hagerup comme par M. Dupuis : M. Hagerup a considéré que les dispositions du projet concernant la fixation de l'indemnité par la Cour internationale des prises seraient d'une application difficile ; M. Dupuis a estimé que la Cour des prises se déclarera incompétente quand il s'agira pour elle de juger si le droit de réquisition a été bien exercé ou non. C'est finalement en ce sens que la Commission s'est prononcée : la phrase de l'article 54 : « ...qui seront fixés par le tribunal des prises compétent » a été supprimée à la majorité de quatre voix contre une, et les mots de l'article 56 : « ce protocole sera transmis au tribunal des prises » ont été remplacés par ceux-ci : « une copie de ce protocole sera remise au capitaine ou au patron du bâtiment réquisitionné ».

3° La Commission a été unanime à penser que certaines propriétés devaient échapper au droit de réquisition, mais elle n'a pas été d'accord avec le projet sur l'étendue des exceptions qu'il convenait d'admettre.

Pour établir ces exceptions, le projet était parti d'une double idée : 1° Les réquisitions ne sont légitimes que dans la mesure où elles sont réclamées par les nécessités militaires ; elles ne doivent dès lors porter que sur les choses indispensables à la satisfaction de ces nécessités : il en résulte que les bâtiments qui, comme les bateaux affectés à la pêche côtière et à la petite navigation locale, ne peuvent, en raison de leur importance minime, apporter qu'un faible secours aux belligérants, ne sauraient être l'objet de réquisitions. 2° Quel que soit le caractère impérieux des nécessités militaires, il est des exigences plus impérieuses encore devant lesquelles elles doivent en certains cas céder : ce sont celles qui s'expliquent par des considérations humanitaires et par les besoins généraux de la vie internationale : si le droit de la guerre est dominé par le principe de nécessité qui en règle générale justifie l'emploi de la violence, il est dominé également par le principe d'humanité d'après lequel on doit, dans la mesure du possible, soustraire les relations paisibles aux rigueurs de la guerre : il convient donc, pour ces raisons, d'interdire non seulement la réquisition des bateaux exclusivement affectés à la pêche côtière ou à des services de petite navigation locale, mais aussi celle des navires de cartel, des navires affectés au service hospitalier, au service de missions religieuses, scientifiques ou philanthropiques, au service des pilotes ou des phares, à un service postal régulier ; il a semblé à l'auteur du projet que les motifs humanitaires qui, dans un Manuel fondé sur le droit de capture de la propriété privée, font échapper ces bâtiments à la saisie, devaient, dans un Manuel basé sur le principe de l'inviolabilité, les soustraire au droit de réquisition.

La solution proposée par le projet n'a soulevé, au sein de la Commission, aucune discussion en ce qui concerne les navires de cartel et les navires affectés au service hospitalier ou au service de missions religieuses, scientifiques ou philanthropiques. Des objections fort vives lui ont, au contraire, été opposées relativement aux autres navires.

Une décision radicale a d'abord été présentée. M. Kaufmann a demandé que fussent soumis à réquisition, sans aucune limitation, les bâtiments pilotes, les bâtiments affectés au service des phares, les navires affectés à un service postal régulier, les bateaux de pêche et de petite navigation locale. Il a, en effet, proposé à l'adoption de la Commission un texte ainsi libellé : « En dehors de ceux qui servent de cartel ou sont affectés au service hospitalier ou au service de missions religieuses, scientifiques ou philanthropiques, les navires privés ennemis et les navires publics ennemis peuvent, même s'ils ne sont pas sujets à capture ou à saisie, en cas de nécessité militaire importante, être l'objet de réquisitions ».

La Commission a décidé, après discussion, d'examiner séparément la situation de chacune de ces catégories de navires.

La condition des navires postaux a été étudiée en premier lieu. M. Dupuis a émis l'avis que la non réquisition des navires postaux ne saurait se justifier : « Sans doute, a-t-il dit, la Convention de La Haye n° XI, du 18 octobre 1907, a tenté d'assurer la continuité du service postal, mais il ne s'agit là que du service postal international. L'interruption des relations postales est une conséquence normale de la guerre ». M. Edouard Rolin s'est déclaré d'accord à cet égard avec M. Dupuis. M. Paul Fauchille a répondu que les navires qu'il entendait soustraire au droit de réquisition étaient ceux affectés « à un service postal régulier », et que ces navires faisaient en réalité un service postal international tout comme ceux que prévoyait la Convention de La Haye ; qu'il était de l'intérêt de toutes les nations que le service des communications postales, indispensable au commerce international, fût le moins possible entravé par la guerre,

qu'à raison de ce motif d'ordre supérieur et général les
navires postaux devaient échapper à la réquisition. Mais
la Commission ne s'est pas laissée convaincre par cette
argumentation : elle a admis que la réquisition pouvait
s'appliquer aux navires postaux ; elle a simplement décidé,
sur la proposition de M. Edouard Rolin Jaequemyns,
d'ajouter, dans l'alinéa final de l'article 61 du projet relatif
à la correspondance postale, après le mot « saisie », les
mots « ou réquisition », de façon que cet alinéa a reçu
finalement la rédaction suivante : « S'il y a saisie *ou
réquisition* du navire sur lequel la poste est embarquée, la
correspondance est expédiée avec le moins de retard possible par le capteur ».

Passant ensuite à la situation des navires affectés au
service du pilotage et des phares, la Commission s'est
trouvée en présence de deux solutions absolues en sens
contraire. M. Kaufmann proposait de les assujettir au
droit de réquisition. M. Paul Fauchille voulait qu'ils en
fussent exemptés à cause de la grande utilité qu'ils présen-
taient pour la navigation pacifique de tous les peuples.
M. Hagerup s'est demandé s'il était bien utile de parler,
dans le Manuel, des bateaux-phares : la Commission des
Neuf de l'Institut de droit international, réunie à Paris au
mois d'octobre 1911, a décidé la nomination d'une Commission spéciale pour examiner la question des phares en
temps de guerre (1) ; n'est-ce pas à elle de dire si les
bateaux-phares sont ou non susceptibles du droit de réquisition ? Mais M. Edouard Rolin Jaequemyns a fait très
justement observer à M. Hagerup que la question qui a
été déférée en 1911 à la Commission spéciale est une question toute différente, savoir celle de la désorganisation par

---

(1) Rapport de M. Edouard Rolin, *Annuaire de l'Institut de droit
international*, t. XXV, p. 38.

un belligérant de son propre service des phares. On devait donc, à ses yeux, prévoir, dans le Manuel, au point de' vue du droit de réquisition, la situation des navires affectés au service des phares aussi bien que celle des navires affectés au service du pilotage. Et, au sujet de ces navires, il suggéra l'idée d'une solution transactionnelle entre celle de M. Kaufmann et celle de M. Paul Fauchille, qui pourrait trouver place dans un article particulier ou tout au moins dans un alinéa spécial de l'article 54 : « Je m'inclinerais, déclara M. Rolin, devant la réquisition possible par le belligérant des navires affectés au service du pilotage et des phares, s'il y avait à cela un intérêt pour ce belligérant. Mais cet intérêt n'existe pas, vu que les droits du belligérant se trouvent assurés dans toute la mesure désirable par l'article 58 du projet intitulé : « Droits du belligérant dans la zone de ses opérations ». Que le belligérant exerce le droit de réquisition dans la zone de ses opérations, cela peut être admis, mais il semble inutile de lui accorder ce droit de réquisition en dehors de cette zone ». S'inspirant de l'idée ainsi émise par M. Edouard Rolin, M. Hagerup a proposé à la Commission l'adoption d'une formule exemptant de la réquisition les navires qui « en dehors de la zone d'opérations actuelle de l'ennemi » sont affectés au service du pilotage et au service des phares. M. Dupuis, se plaçant dans un ordre d'idées analogue à celui qu'avaient envisagé MM. Rolin Jaequemyns et Hagerup, proposa une autre solution transactionnelle : les navires pilotes et les bateaux-phares pourront être réquisitionnés dans la zone habituelle de leur activité, mais on n'aura pas le droit de les déplacer en dehors de cette zone ; et il la libella, avec l'aide de M. Edouard Rolin Jaequemyns, dans la forme suivante : « Autant que possible, il ne sera pas fait usage du droit de réquisition vis-à-vis des navires affectés au pilotage ou au service des phares, mais si on les réquisitionne on ne pourra le faire que sur place ». C'est à l'idée présentée par M. Dupuis que finalement la Commission s'est ralliée. Elle lui a donné toutefois cette rédaction plus précise, qui a constitué un alinéa spécial de l'article 54 : « Les bâtiments affectés au service des pilotes ou des phares ne peuvent être réquisitionnés qu'en cas de nécessité impérieuse et à condition de ne pas les écarter de leur rayon d'action normal ». Ainsi, en ce qui concerne le droit de réquisition de ces navires, une double restriction doit être apportée à la règle du droit commun : 1° Ce n'est pas seulement, comme pour les autres navires, « dans le cas où les nécessités de la guerre l'exigent » que la réquisition en est permise ; il faut encore qu'il s'agisse de nécessités « *impérieuses* » : M. Kaufmann aurait voulu qu'on se contentât des seules nécessités de la guerre. 2° Le belligérant ne pourra pas réquisitionner ces navires, comme les autres, de façon à les faire servir à ses besoins dans une partie quelconque de la mer ; il n'aura le droit de les utiliser que dans le rayon d'action normal de leur activité : il ne faut pas que, par l'effet de la réquisition, ils soient écartés de ce rayon et ainsi mis dans l'impossibilité d'accomplir pendant longtemps les utiles fonctions auxquelles ils sont destinés.

L'opinion qui se manifesta d'abord au sein de la Commission, en ce qui concerne les navires exclusivement affectés à la pêche côtière ou à des services de petite navigation locale, a été qu'ils devaient être pleinement assujettis au droit de réquisition. Mais M. Paul Fauchille a insisté tout particulièrement, dans l'intérêt de l'humanité, afin de ne pas réduire à la misère de pauvres gens qui vivent péniblement de leur métier au jour le jour, pour qu'on n'applique pas aux navires dont il s'agit les règles du droit commun. Et, quand la Commission eut décidé d'appliquer un traitement de faveur aux bateaux pilotes et aux bateaux phares, il demanda qu'on étendit le même traitement aux navires de pêche et de petite navigation locale. Cette dernière satisfaction lui a été accordée.

Mais, au sujet de ces navires, comme à l'égard des navires affectés au pilotage ou au service des phares, une question se posait, que M. Paul Fauchille soumit à la Commission. La disposition les concernant devant constituer un alinéa spécial de l'article 54, indépendant de ceux relatifs aux autres navires, ne fallait-il pas prévoir dans cet alinéa toutes les règles qui les intéressaient, et déclarer notamment qu'en cas de réquisition de ces navires une indemnité devait leur être accordée ? M. Kaufmann a estimé, avec M. Fauchille, qu'une indemnité leur était due. M. Dupuis a été d'un avis contraire. Cette dernière solution semble un peu rigoureuse ; peut-elle vraiment se justifier en présence de la disposition de l'article qui reconnaît, en règle générale, aux navires privés réquisitionnés, un droit à indemnité : pourquoi faire à ce point de vue une situation plus défavorable à des bâtiments qu'à raison de leur caractère particulièrement intéressant on ne soumet que d'une manière exceptionnelle et restreinte au droit de réquisition ? Il n'est pas inutile de rappeler ici qu'à la Conférence de la Paix de 1907 la délégation austro-hongroise avait proposé de s'occuper du droit de réquisition en même temps que de l'exemption de capture pour certains bateaux et qu'en ce qui concerne les bateaux de pêche et de petite navigation locale sa proposition, tout en admettant la possibilité de leur réquisition, décidait que celle-ci n'aurait lieu que « contre indemnité, conformément aux dispositions en vigueur pour la guerre sur terre » (1). La Commission a finalement admis qu'en cas de réquisition une indemnité

(1) *Actes et documents de la deuxième Conférence de la Paix*, t. III, p. 910.

devait être allouée aux navires dont il est question, mais qu'il était superflu de l'indiquer expressément dans l'alinéa final qui les concerne, l'alinéa 2 relatif au droit d'indemnité s'appliquant par la généralité de ses termes à tous les navires privés, donc aux navires mentionnés dans l'alinéa 3 comme à tous les autres.

Telles sont les résolutions qui ont été consacrées par la 20ᵉ Commission par rapport au droit de réquisition des navires.

Le projet, dans son article 55, s'occupait aussi de la réquisition des cargaisons ennemies à bord des navires privés et des navires publics. Cette réquisition, aux termes du projet, devait avoir lieu « dans les mêmes conditions ». C'est sur les « cargaisons » nécessaires à l'approvisionnement ou au ravitaillement immédiats des flottes qu'elle devait porter. La Commission a estimé, comme le projet, que la réquisition des marchandises devait être faite « dans les mêmes conditions » que celle des navires ; mais, sur l'observation de M. Edouard Rolin Jaequemyns, elle a trouvé que l'expression « cargaisons ennemies » dont se servait le projet était trop générale, et en conséquence l'a remplacée par celle de « marchandises ennemies ». En soumettant « aux mêmes conditions » la réquisition des navires et celle des marchandises, la Commission et le projet ont-ils entendu ne faire allusion qu'aux conditions de nécessité, d'indemnité, de payement, d'autorisation du commandant, etc., auxquelles est subordonné l'exercice du droit de réquisition, ou ont-ils encore voulu dire que les marchandises ne pourront être réquisitionnées que sur les navires qui sont eux-mêmes susceptibles de réquisition ? C'est un point que les termes employés par la Commission, aussi bien que par le projet, ne résolvent pas avec une clarté suffisante. M. Kaufmann, dans l'article 62 de ses observations écrites, avait proposé de n'admettre la réquisition des marchandises qu'à bord des navires passibles de réquisiton. Il serait désirable que l'Institut apportât ici quelque précision.

D'après le projet, toutes les cargaisons ennemies étaient susceptibles de réquisition, pourvu qu'elles fussent nécessaires à l'approvisionnement ou au ravitaillement immédiats des ffottes belligérantes. La Commission a jugé cette déclaration un peu trop générale. De même qu'il est des navires qui, à raison de leur caractère particulier, doivent échapper à toute réquisition ou n'y être soumis que d'une façon restreinte, de même il peut y avoir, à bord de tous navires ennemis, privés ou publics, des marchandises qui, quoique nécessaires à l'approvisionnement ou au ravitaillement des belligérants, doivent, par leur nature, être soustraites complètement à la réquisition ou n'y être assujetties que dans une mesure limitée. Sur la proposition de M. Kaufmann, la Commission a décidé de ranger un certain nombre de choses dans l'une ou l'autre de ces catégories : 1° Les biens meubles ennemis consacrés aux cultes, à la charité et à l'instruction, aux arts et aux sciences, qui sont chargés sur un navire privé ou sur un navire public ne pourront pas être réquisitionnés, même s'ils appartiennent à l'Etat ennemi. 2° Les objets et matériaux ennemis qui servent exclusivement à soigner les malades et les blessés, et qui sont chargés sur un navire privé ennemi ou sur un navire public ennemi, ne pourront être réquisitionnés qu'en cas de nécessité militaire importante et moyennant indemnité.

M. Strisower, dans les observations écrites qu'il avait adressées à la Commission, avait encore proposé un autre cas où le droit de réquisition ne devrait pas avoir lieu à l'égard des navires comme à l'égard des marchandises. Il avait, en effet, demandé l'introduction dans le projet de Manuel d'un article 56 *bis* ainsi conçu : « Le droit de réquisition n'a pas lieu à l'égard des navires qui se trouvent au début des hostilités dans un port ennemi, ou de ceux qui, ayant quitté leur dernier port de départ avant le commencement de la guerre, sont entrés dans un port ennemi sans connaître les hostilités, et qui quittent ce port avant l'expiration d'un délai, qui doit leur être accordé d'une manière suffisante, ainsi qu'à l'égard des navires, qui sont rencontrés en mer avant l'expiration d'un délai, qui doit leur être accordé d'une manière suffisante, enfin à l'égard des marchandises, lesquelles, sur les navires dans ces conditions, doivent être laissées libres d'après l'article 39 ». « Ce sont, déclarait M. Strisower, les navires qui sont aussi laissés libres dans le système de la capture, *sans* être soumis à un droit de réquisition ».

C'est sur les bases qui viennent d'être indiquées, que la Commission a rédigé, dans la teneur suivante, les articles 55, 56 et 57 de son projet (articles 54, 55 et 56 du projet primitif) :

« Article 55 (54). — Droit de réquisition. — *En dehors de ceux qui servent de cartel et de ceux qui sont affectés au service hospitalier ou au service de missions religieuses, scientifiques ou philanthropiques, les navires privés et publics ennemis peuvent, si les nécessités de la guerre l'exigent, être l'objet de réquisitions par les belligérants.*

« *Une équitable indemnité sera due, en ce cas, aux navires privés.*

« *Les bâtiments affectés au service des pilotes ou des phares, et ceux exclusivement affectés à la pêche côtière ou à des services de petite navigation locale ne peuvent être réquisitionnés qu'en cas de nécessité impérieuse et à condition de ne pas les écarter de leur rayon d'action normal* ».

« Article 56 (55). — *Les belligérants peuvent, dans les*

mêmes conditions, réquisitionner, à bord des navires enne-
mis tant privés que publics, les marchandises ennemies
nécessaires à l'approvisionnement ou au ravitaillement
immédiats de leurs flottes.

« *Les objets et matériaux ennemis qui servent exclusive-*
ment à soigner les malades et les blessés et qui sont char-
gés sur un navire privé ennemi ou sur un navire public
ennemi ne peuvent être réquisitionnés qu'en cas de néces-
sité militaire importante et moyennant indemnité.

« *Les biens meubles ennemis consacrés aux cultes, à la*
charité et à l'instruction, aux arts et aux sciences qui
sont chargés sur un navire privé ou sur un navire public
ne peuvent pas être réquisitionnés, même s'ils appartien-
nent à l'Etat ennemi ».

« *Article 57 (56). — Il sera dressé, par le requérant, un*
protocole qui constatera les nécessités de la guerre exi-
geant la réquisition, et dans lequel il sera fait des objets
réquisitionnés, autant que possible par des personnes
impartiales, une estimation et un inventaire soigneux. Une
copie de ce protocole sera remise au capitaine ou au
patron du bâtiment réquisitionné.

« *Les réquisitions doivent être, autant que possible, payées*
au comptant ; sinon elles seront constatées par des reçus
et le payement des sommes dues sera effectué le plus tôt
possible.

« *Les réquisitions ne peuvent être réclamées qu'avec l'au-*
torisation du commandant du bâtiment requérant ».

Art. 57. — Contributions. — *Il n'est pas permis aux*
belligérants d'exiger des navires privés qu'ils rencontrent
des contributions en argent.

Si une flotte ou un navire de guerre peuvent se trouver
dépourvus d'objets dont ils ne sauraient se passer, et s'ils

doivent en conséquence avoir le droit d'exiger ces objets au moyen de réquisitions, ils peuvent toujours se passer d'argent. Permettre à un navire ou à une flotte de lever des contributions de guerre sous prétexte que l'argent ainsi acquis servirait à acheter ailleurs ce qui leur manque, ce serait ouvrir la porte à beaucoup de tentations et à beaucoup d'abus.

Ces considérations ont amené le projet à défendre aux belligérants, sur mer, à la différence de ce qui a lieu sur terre, d'exiger des impositions en argent des ennemis qu'ils rencontrent. Cette solution a été consacrée également par la Commission. Une double modification a été toutefois apportée par elle au texte qui la formulait.

1° L'article 57 parlait de « contributions en argent ». M. Kaufmann a demandé qu'on fît disparaître les mots « en argent ». En effet, a-t-il remarqué, des contributions peuvent être levées non pas seulement en argent à proprement parler, mais aussi au moyen de chèques, de billets à ordre, etc., qu'on contraint le capitaine à signer. M. Dupuis a appuyé la demande de M. Kaufmann. La Commission a fait droit à leur proposition : les mots « en argent » ont été supprimés de la disposition.

2° Etant donné que les navires publics sont en principe susceptibles d'être saisis par l'ennemi, sauf restitution à la paix, il avait paru à l'auteur du projet que celui-ci n'aurait guère d'intérêt à lever sur eux des contributions et que ces dernières ne pourraient en fait s'appliquer que dans ses rapports avec des navires privés. Il s'était donc borné, dans l'article 57, à interdire les impositions en argent à l'égard des navires appartenant à des particuliers. M. Dupuis, tout en reconnaissant l'exactitude de ce motif, a cependant remarqué qu'il n'était pas impossible de concevoir la levée de contributions sur des bâtiments publics ; car, appliquée à ces navires, elle permettrait certaines

combinaisons fructueuses, mais non sans dangers pour les
Etats : le commandant d'un croiseur belligérant, séduit
par l'appât du gain, pourrait, au lieu de saisir temporairement le navire public qu'il rencontre et de le mettre
ainsi hors d'état de nuire éventuellement à son pays, lui
laisser la liberté de poursuivre son voyage en en exigeant,
sous couleur de contributions, une certaine somme d'argent.
Il a donc demandé que dans le Manuel on ne se contentât
pas d'interdire les contributions sur les navires privés et
qu'on les défendît aussi sur les navires publics. M. Kaufmann a été également de cet avis. La Commission a décidé
de supprimer dans l'article 57 le mot « privés » de façon
que la prohibition des contributions fût étendue d'une
manière générale à tous les navires.

La combinaison à laquelle M. Dupuis avait ainsi fait
allusion pour réclamer la disparition du mot « privés »
dans l'article 57 l'amena à proposer à la Commission une
adjonction à cet article. Une semblable combinaison rap-
pelait, en réalité, le traité de rançon. Celui-ci est en effet
le moyen, pour le capitaine d'un navire, de faire échapper à la prise un bâtiment passible de confiscation ou de
saisie en subordonnant sa liberté au payement d'une somme
d'argent. Et un tel procédé, susceptible de s'appliquer à la
propriété publique comme à la propriété privée, est dou-
blement condamnable, car il revient à éluder la règle que
c'est un tribunal et non un croiseur qui doit décider si un
navire ou une cargaison sont confiscables et il donne à un
belligérant la facilité de faire échapper ses navires à la
prise en lui permettant de les employer à des actes d'hostilité : quand un croiseur rencontre un navire public, susceptible de retenue, ou un navire privé, suspect de porter
un secours interdit aux forces de son pays, et qu'au lieu
de le saisir il le laisse continuer son chemin pourvu
seulement qu'il verse une somme d'argent, cela signifie en

définitive la suppression du droit de prise. M. Dupuis a, dès lors, proposé à la Commission de prohiber, dans l'article 57, non seulement les contributions mais encore les rançons. Et celle-ci a décidé d'adopter cette solution.

L'article 57 du projet, devenu l'article 58 de la Commission, a finalement été intitulé et rédigé de la façon suivante :

« Contributions et rançons. — *Il n'est permis aux belligérants d'exiger des navires qu'ils rencontrent ni contributions ni rançons* ».

Art. 58 et 59. — Droits du belligérant dans la zone de ses opérations. — Du caractère ennemi.

Ces articles du projet, empruntés au Manuel d'Oxford du 9 août 1913, ont été acceptés sans débat par la Commission.

Art. 60. — Du transfert de pavillon. — *Le transfert sous pavillon neutre d'un navire ennemi, effectué avant l'ouverture des hostilités, est valable, à moins qu'il soit établi que ce transfert a été effectué en vue d'éluder les conséquences qu'entraîne le caractère de navire ennemi. Il y a néanmoins présomption de nullité si l'acte de transfert ne se trouve pas à bord, alors que le navire a perdu la nationalité belligérante moins de soixante jours avant l'ouverture des hostilités ; la preuve contraire est admise.*

Il y a présomption absolue de validité d'un transfert effectué plus de trente jours avant l'ouverture des hostilités, s'il est absolu, complet, conforme à la législation des pays intéressés, et s'il a cet effet que le contrôle du navire et le bénéfice de son emploi ne restent pas entre les mêmes mains qu'avant le transfert. Toutefois, si le navire a perdu la nationalité belligérante moins de soixante jours avant l'ouverture des hostilités, et si l'acte de transfert ne se trouve pas à bord, la saisie du navire ne pourra donner lieu à des dommages et intérêts.

Le transfert sous pavillon neutre d'un navire ennemi, effectué après l'ouverture des hostilités, est nul, à moins qu'il soit établi que ce transfert n'a pas été effectué en vue d'éluder les conséquences qu'entraîne le caractère de navire ennemi.

Toutefois, il y a présomption absolue de nullité : 1° si le transfert a été effectué pendant que le navire est en voyage ou dans un port bloqué ; 2° s'il y a faculté de réméré ou de retour ; 3° si les conditions, auxquelles est soumis le droit de pavillon d'après la législation du pavillon arboré, n'ont pas été observées.

Les dispositions de cet article, empruntées à la Déclaration navale de Londres du 26 février 1909, sont la reproduction textuelle de celles insérées dans le Manuel d'Oxford de 1913, basé sur le droit de capture de la propriété privée ennemie. Doivent-elles également trouver place dans un Manuel fondé sur la règle de l'inviolabilité de cette propriété ? Cette question a été soulevée au sein de la Commission par M. Kaufmann.

Un navire ennemi peut avoir un grand intérêt à devenir un navire neutre, car dans la guerre maritime des privilèges appartiennent aux neutres qui n'existent pas pour les belligérants. Cet intérêt est considérable si on donne comme fondement au droit de la guerre maritime le principe du droit de capture de la propriété privée ennemie : alors, en effet, tandis que les navires neutres ne peuvent être saisis que s'ils participent d'une façon quelconque à un acte hostile, tous les navires privés de l'ennemi sont comme tels, aussi bien que tous les navires publics, passibles de confiscation. Il demeure également considérable pour les navires publics, lorsqu'on admet comme base des lois de la guerre maritime la règle de l'inviolabilité de la propriété privée, car, en dépit des atténuations que cette règle peut entraîner à l'égard de ces navires, ceux-ci, à la différence des navires neutres, seront encore sujets sinon à saisie, du moins à retenue. Il ne disparaît pas, même dans cette hypothèse, en ce qui concerne les bâtiments privés ; seulement, il est en ce cas singulièrement amoindri : ce ne sera plus que d'une manière exceptionnelle que la situation des navires privés ennemis différera de celle des navires neutres. L'identité cessera d'exister entre eux uniquement à un double point de vue : 1° les navires privés ennemis dont la construction indique qu'ils sont destinés à être transformés en bâtiments de guerre ou dont l'aménagement ou les contrats permettent de présumer leur emploi aux usages de la guerre, ne seront pas libres comme les navires neutres, mais pourront être saisis avec obligation de les restituer sans indemnité après la guerre ; 2° les navires et les cargaisons ennemis pourront être réquisitionnés, alors que beaucoup refusent d'admettre un droit de réquisition à l'égard des navires ou des cargaisons neutres.

La différence moins grande qui existe ainsi dans un Manuel basé sur l'idée d'inviolabilité entre la situation des navires ennemis et celle des navires neutres a paru à M. Kaufmann devoir être une raison de simplifier les règles relatives au transfert de pavillon : « Les règles relatives au transfert de pavillon, a-t-il observé, sont en liaison étroite avec les droits du belligérant vis-à-vis des navires ennemis et avec les risques courus par ceux-ci ; si on change d'une façon fondamentale ces droits du belligérant et si à la capture on substitue le principe de l'inviolabilité, il s'en suit qu'il faut amoindrir les restrictions à ce transfert ». Il a, en conséquence, proposé à la Commission de remplacer par les deux articles suivants l'article 60 du projet, emprunté au Manuel d'Oxford fondé sur le droit de capture :

« *Article* 60. — Le transfert sous pavillon neutre d'un navire privé ennemi ordinaire est valable, à moins que, si le transfert est effectué après l'ouverture des hostilités, il soit établi qu'il a été effectué en vue d'éluder les droits de réquisition de l'adversaire.

« *Article* 60 bis. — Le transfert sous pavillon neutre :

« 1° d'un navire privé ennemi dont la construction indique qu'il est destiné à être tranformé en bâtiment de guerre et dont l'aménagement ou les contrats ont permis de présumer un emploi aux usages de la guerre, et

« 2° d'un navire public ennemi,

« est soumis aux règles suivantes : (insérer ici l'article 60 du projet avec les modifications de forme nécessaires ».

M. Hagerup a déclaré accepter le principe de cette proposition de M. Kaufmann, mais il a été d'avis qu'il conviendrait d'ajouter au texte de celui-ci certaines présomptions de nullité du transfert en ce qui concerne les navires privés ordinaires. Il a dès lors déposé un amendement ainsi conçu, auquel M. Kaufmann s'est d'ailleurs rallié :

« *Article* 60. — Le transfert sous pavillon neutre d'un navire privé ennemi qui n'a pas le caractère visé à l'article suivant est valable même s'il est effectué après l'ouverture des hostilités, à moins qu'il soit établi qu'il a été effectué en vue d'éluder les droits de réquisition de l'adversaire.

« Il y a néanmoins présomption de nullité :

« 1° si le transfert a été effectué pendant que le navire est en voyage ou dans un port ennemi ou bloqué par l'adversaire ;

« 2° s'il y a faculté de réméré ou de retour ;

« 3° si les conditions auxquelles est soumis le droit dé

pavillon d'après la législation du pavillon arboré n'ont pas été observées.

« La preuve contraire est admise.

« *Article* 60 bis. — Le transfert sous pavillon neutre :

« *a*) d'un navire privé ennemi dont la construction indique qu'il est destiné à être transformé en bâtiment de guerre ou dont l'aménagement ou les contrats permettent de supposer son emploi aux usages de la guerre,

« *b*) d'un navire public ennemi,

« est soumis aux règles suivantes :

« Le transfert effectué avant l'ouverture des hostilités est valable, etc. (la suite comme dans l'article 60 du projet) ».

Mais cet amendement de M. Hagerup n'a pas réuni les suffrages de la majorité des membres de la Commission : il a été rejeté par trois voix (MM. Dupuis, Paul Fauchille et Edouard Rolin Jaequemyns) contre deux (MM. Hagerup et Kaufmann).

Cette majorité a pensé — et M. Edouard Rolin Jaequemyns a tout particulièrement développé cette considération — que, quelle que pût être en théorie sa manière de voir sur la question, il ne lui paraissait pas opportun d'admettre, au sujet du transfert de pavillon, dans un Manuel fondé sur l'idée d'inviolabilité, des règles différentes de celles adoptées par le Manuel d'Oxford ayant comme base le droit de capture et qui sont la reproduction textuelle des articles 55 et 56 de la Déclaration navale de Londres : il n'est pas en effet à prévoir que les puissances puissent, pour le moment, consentir à une autre transaction que celle à laquelle elles sont arrivées en 1909 ; or, il ne faut pas l'oublier, c'est en vue de le faire adopter par les Etats que l'Institut de droit international élabore un Manuel des lois de la guerre maritime. Au surplus, comme l'a fait remarquer M. Paul Fauchille, quel que soit le fondement

qu'on reconnaisse aux lois de la guerre maritime, un
intérêt existe toujours pour le belligérant à faire le transfert de ses navires sous pavillon neutre ; et, dès lors que
cet intérêt existe, pourquoi adopterait-on, en ce qui concerne le transfert, des règles différentes selon que l'intérêt
du belligérant à l'effectuer serait de telle ou telle nature ;
qu'il aurait un caractère plus ou moins étendu ?

L'article 60, devenu l'article 61 de la Commission, a
en conséquence été maintenu avec la rédaction que lui
avait donnée le projet.

Art. 61. — B. Correspondance postale. — *La correspondance postale, quel que soit son caractère officiel ou
privé, trouvée en mer sur un bâtiment ennemi, est inviolable, à moins qu'elle ne soit à destination ou en provenance d'un port bloqué.*

*L'inviolabilité de la correspondance postale ne soustrait
pas les paquebots-poste aux lois et coutumes de la guerre
sur mer concernant les navires en général. Toutefois la
visite n'en doit être effectuée qu'en cas de nécessité, avec
tous les ménagements et toute la célérité possibles.*

*S'il y a saisie du navire sur lequel la poste est embar-
quée, la correspondance est expédiée avec le moins de
retard possible par le capteur.*

Ainsi qu'on l'a vu sous les articles 54 à 56 du projet
relatifs au droit de réquisition (1), cet article a été adopté
par la Commission sans autre modification que l'addition
dans son alinéa final des mots « ou réquisition » après
les mots « s'il y a saisie ». Il a été définitivement, comme
article 62, rédigé ainsi qu'il suit :

_____

(1) V. ci-dessus. p. 110-111.

« *La correspondance postale, quel que soit son caractère officiel ou privé, trouvée en mer sur un bâtiment
ennemi, est inviolable, à moins qu'elle ne soit à destination
ou en provenance d'un port bloqué.*

« *L'inviolabilité de la correspondance postale ne soustrait
pas les paquebots-poste aux lois et coutumes de la guerre
sur mer concernant les navires en général. Toutefois la
visite n'en doit être effectuée qu'en cas de nécessité, avec
tous les ménagements et toute la célérité possibles.*

« *S'il y a saisie ou réquisition du navire sur lequel la
poste est embarquée, la correspondance est expédiée avec
le moins de retard possible par le capteur* ».

Art. 62. — C. Câbles sous-marins.

Aucun changement n'a été apporté par la Commission
à cette disposition.

Section V. — *Des droits et des devoirs du belligérant
en ce qui concerne les personnes.*

Des modifications, au surplus assez peu importantes,
n'ont été faites qu'à trois des articles qui constituent cette
Section : aux articles 64, 67 et 71.

Art. 64. — Navires publics ou privés. — *Lorsqu'un
navire ennemi public ou privé est saisi par un belligérant,
les hommes de son équipage, nationaux d'un Etat neutre,
ne sont pas faits prisonniers de guerre. Il en est de même
du capitaine et des officiers, également nationaux d'un*

Etat neutre, s'ils promettent formellement par écrit de ne prendre, pendant la durée des hostilités, aucun service ayant rapport avec les opérations de la guerre. Le capitaine, les officiers et les membres de l'équipage, nationaux de l'Etat ennemi, ne sont pas faits prisonniers de guerre, à condition qu'ils s'engagent, sous la foi d'une promesse formelle écrite, à ne prendre, pendant la durée des hostilités, aucun service ayant rapport avec les opérations de la guerre.

La Commission a décidé, sur la proposition de M. Paul Fauchille, de remplacer dans l'article 64, les mots : « Lorsqu'un navire ennemi public ou privé est saisi par un belligérant... » par les mots : « *Lorsqu'un navire ennemi public ou privé est retenu par un belligérant* ».

Elle a, d'autre part, ajouté à cet article un second alinéa ainsi conçu :

« *La même règle est applicable lorsqu'un navire public est capturé parce que sa construction indique qu'il est destiné à être transformé en bâtiment de guerre ou que son aménagement ou ses contrats permettent de présumer son emploi aux usages de la guerre* ».

Art. 67. — *Ne peuvent être retenus comme tels les membres du personnel d'un navire ennemi qui, à raison de son caractère particulier, est lui-même exempt de saisie.*

Dans cet article, à la demande de M. Kaufmann, la Commission a supprimé les mots « à raison de son caractère particulier », et, sur l'invitation de M. Paul Fauchille, elle a substitué aux mots « exempt de saisie » les mots « *exempt de saisie ou de retenue* ».

*Art. 71. — Les passagers qui, sans faire partie de
l'équipage, se trouvent à bord d'un navire ennemi, ne
peuvent être retenus comme prisonniers de guerre par l'ennemi, à moins qu'ils ne se soient rendus coupables d'un
acte hostile.*

*Tout passager incorporé dans la force armée de l'ennemi
peut être fait prisonnier de guerre, même si le navire n'est
pas susceptible de saisie.*

L'article 36 du projet de la Commission a déclaré
exempts de saisie ou de retenue les navires privés qui se
trouvent dans un port ennemi ou y entrent à l'ouverture
des hostilités sans les connaître ou sont rencontrés en mer
dans l'ignorance de celles-ci. Mais il a décidé dans son
second alinéa, conformément à l'article 39 du projet primitif, que les marchandises privées présentant les caractères de la contrebande de guerre et la propriété publique
se trouvant sur ces navires pouvaient être retenues sans
indemnité : il n'était pas en effet admissible qu'un belligérant dût laisser échapper des marchandises de cette
nature quoiqu'elles fussent à bord de bâtiments exempts
de saisie et même de retenue, car son ennemi, une fois en
leur possession, s'empresserait de les utiliser contre lui
pour des besoins guerriers. L'article 36, placé sous une
Section relative aux droits et aux devoirs du belligérant en
ce qui concerne les *choses* de l'ennemi, ne pouvait prévoir
le cas où les navires ignorants des hostilités auraient à leur
bord, au lieu d'objets de contrebande de guerre, un corps
de troupes chargé avant la déclaration de guerre. C'est
dans la Section V, concernant les droits et les devoirs du
belligérant en ce qui concerne les *personnes,* qu'il fallait
prévoir cette hypothèse. Or l'article 71 du projet, dans son
second alinéa, n'avait envisagé que le cas d'un passager
incorporé dans la force armée de l'ennemi se trouvant à

bord d'un navire non susceptible de saisie. Pour qu'aucune discussion ne pût s'élever sur le sort de troupes existant en corps sur le navire, dans la situation qui a été indiquée, M. Paul Fauchille a demandé à la Commission : 1° que les mots du début de l'alinéa 2 « Tout passager incorporé dans la force armée de l'ennemi... » fussent remplacés par ceux-ci : « *Les troupes et en général tout passager incorporé dans la force armée de l'ennemi...* » ; 2° qu'à la fin de la disposition on substituât à la phrase « même si le navire n'est pas susceptible de saisie » la phrase suivante : « *même si le navire n'est pas susceptible de saisie ou de retenue* ». Cette double modification a été adoptée sans discussion.

Un changement dans l'emplacement des articles 64 et 67 du projet a encore été ordonné par la Commission, sur la demande de M. Paul Fauchille. Le second de ces articles a été, dans le texte de la Commission, inséré immédiatement après l'article 63 et avant l'article 64 du projet. Ainsi, la condition du personnel des navires publics ou privés se trouvait déterminée dans un ordre logique : on envisageait la situation de ce personnel d'abord sur des navires exempts de saisie ou de retenue, puis sur des navires retenus, enfin sur des navires passibles de capture ; un dernier article s'occupait du cas où le personnel d'un navire public ou privé se rend personnellement coupable d'un acte hostile envers l'ennemi.

SECTION VI. — *Des droits et des devoirs du belligérant en territoire occupé.*

L'article 96 du projet, devenu l'article 97 de la Commission, a été maintenu sans débat.

SECTION VII. — *Des conventions entre belligérants.*

Un seul article de cette Section, l'article 100 relatif à l'armistice, a subi, dans son dernier alinéa, une modification de pure forme.

L'alinéa final de cet article était, dans le projet, formulé en ces termes :

Le droit de visite continue à pouvoir être exercé. Le droit de capture cesse hormis les cas où ce droit existerait à l'égard des navires neutres.

M. Kaufmann a fait observer que la formule de cette disposition cadrait mal avec l'idée, constituant la base du Manuel, que la propriété privée ennemie est en principe inviolable : comment le droit de capture peut-il cesser puisqu'il n'existe pas en règle générale ?

M. Dupuis a alors proposé de libeller ainsi l'article 100, devenu l'article 101 :

« *Le droit de visite continue à pouvoir être exercé. Le droit de capture subsiste dans les cas où ce droit existerait à l'égard des neutres* ».

Et cette rédaction a été acceptée par la Commission.

Peut-être, pour prévoir toutes les hypothèses, eût-il été bon d'indiquer également quel doit être l'effet de l'armistice sur le droit, que le Manuel reconnaît dans certains cas au belligérant, de retenir sans indemnité les navires de son adversaire.

SECTION VIII. — *Des formalités de la saisie et du jugement des prises.*

Trois articles, dans cette Section, ont fait l'objet d'observations au sein de la Commission.

Art. 114. — Emploi des navires saisis. — *Si le navire saisi ou sa cargaison est nécessaire au capteur pour un usage public immédiat, il peut les employer à cet usage. Dans ce cas, il sera fait du navire et de la cargaison, par des personnes impartiales, une estimation et un inventaire soigneux qui, joints au dossier de la saisie, seront transmis au tribunal des prises.*

M. Kaufmann a posé une question relativement à cet article. « Supposons, a-t-il dit, que quelques fusils se trouvent à bord d'un grand navire. Va-t-on pouvoir se servir de ce grand navire par cela seul que quelques fusils auront été trouvés à son bord ? Cela semble peu conforme à l'esprit du nouveau Manuel. Ne conviendrait-il pas de substituer une autre disposition à l'article 114 ? »

A cette question de M. Kaufmann M. Hagerup a répondu qu'il considérait comme logique qu'on pût employer ce navire sans payer de frais et sans le réquisitionner.

M. Edouard Rolin Jaequemyns a fait très justement observer que l'hypothèse dont s'occupait l'article 114 était tout autre que celle de l'article 54 du projet qui autorise le droit de réquisition des navires « si les nécessités de la guerre l'exigent ». Dans le cas prévu à l'article 114, il s'agit d'un emploi immédiat. Et le navire auquel celui-ci s'applique est un navire saisi *en vue de capture*. Dès lors, puisqu'on se trouve dans l'ordre d'idée de la capture, on ne voit pas pourquoi il y aurait lieu d'établir des dispositions autres que celles qui figurent dans le Manuel basé sur la capture.

Dans ces conditions, l'article 114 a été maintenu tel que le projet l'avait formulé.

M. Kaufmann avait cependant insisté pour la modification de l'article. Cette disposition, avait-il d'abord répondu à M. Rolin, ne parle pas d'un navire saisi « en vue de capture » mais seulement d'un navire saisi. Et, avait-il ajouté, le texte, tel qu'il est rédigé, ne pourra-t-il pas conduire un belligérant à faire des saisies non justifiées ? La saisie une fois effectuée en fait, celui-ci aura en effet un droit, au moins apparent, à employer le navire ou sa cargaison pour un usage public immédiat.

Art. 115. — Perte des prises par fortune de mer. — *Si une prise est perdue par fortune de mer, on doit constater le fait avec soin. Aucune indemnité n'est due, dans ce cas, ni pour le navire, ni pour le chargement, pourvu que, si la prise est annulée ultérieurement, le capteur puisse prouver que la perte aurait eu lieu même en l'absence de capture.*

M. Kaufmann avait demandé qu'aux derniers mots de cet article : « en l'absence de capture », on substituât ceux-ci : « en l'absence de saisie ». Mais la Commission n'a pas jugé utile de changer la rédaction du projet.

Art. 118. — *La légalité et la régularité de la capture des navires ennemis et de la saisie des marchandises doivent être établies devant la juridiction des prises.*

Cet article, emprunté au Manuel d'Oxford fondé sur le droit de capture, pouvait paraître insuffisant dans un Manuel qui, ayant pour base le principe de l'inviolabilité de la propriété privée ennemie, reconnaît aux belligérants, à côté du droit de capture des navires et du droit de saisie des marchandises, qu'ils peuvent exercer dans des cas exceptionnels, un droit de retenue sans indemnité et un droit de réquisition : des difficultés peuvent naître au sujet de l'exercice de ces derniers droits ; ne convient-il pas que la juridiction des prises en connaisse ?

C'est effectivement la remarque qui fut faite et la question qui fut posée devant la Commission par M. Edouard Rolin Jaequemyns. Celui-ci, afin d'y faire droit et de la résoudre, demanda qu'on substituât à l'article 118 du projet une disposition plus large, ainsi libellée : « La légalité et la régularité de la capture des navires ennemis et de la saisie des marchandises doivent être établies devant la juridiction des prises. Celle-ci est également compétente pour se prononcer sur les questions relatives à l'exercice du droit de retenue ou de réquisition et sur les indemnités qui peuvent en découler ».

Mais cette proposition, en tant qu'elle s'appliquait aux questions touchant le droit de réquisition, n'était-elle pas en contradiction avec la décision que la Commission avait prise sur l'article 54 du projet d'effacer de cet article l'allusion qui y était faite à la compétence du tribunal des prises pour fixer l'équitable indemnité en cas de réquisition (1) ? Cette décision de la Commission ne s'opposait en aucune façon à la proposition de M. Edouard Rolin. Ce que la Commission avait entendu admettre sur l'article 54, c'est que l'établissement de l'indemnité devrait, au moment de la réquisition, être fait par les parties et non pas directement par le tribunal des prises ; mais on peut supposer que l'indemnité ainsi fixée donne lieu ensuite à des réclamations : ce sont ces réclamations qui, aux termes de la proposition de M. Rolin Jaequemyns, seront portées devant la juridiction des prises. N'eût-il pas été bon, toutefois, que, pour connaître de ces réclamations, cette juridiction eût dès le début, comme le prescrivait l'article 56 du projet, été mise en possession du protocole d'es-

(1) V. ci-dessus, p. 108.

timation et d'inventaire des objets réquisitionnés ? Cela
n'était pas en réalité nécessaire du moment qu'une copie
de ce protocole dressé par les parties était, ainsi que la
Commission l'avait décidé, laissée aux mains du réquisitionné : celui-ci, en 'cas de réclamation, produira le protocole devant le tribunal. En définitive, d'après la proposition de M. Edouard Rolin Jaequemyns, le rôle de la
juridiction des prises devra être tout à fait différent selon
qu'elle aura à statuer sur une question de capture de navires ou de saisie de marchandises, ou sur une question
de retenue ou de réquisition des navires et des marchandises : 1° dans le premier cas, son intervention est *obli-
gatoire* : la capture et la saisie ne sont régulières que si
leur légalité est établie par le tribunal ; 2° dans le second
cas, au contraire, l'intervention de la juridiction des prises est purement *facultative* : la retenue et la réquisition
ainsi que la détermination de l'indemnité dans l'hypothèse
d'une réquisition sont, par elles-mêmes, régulières sans
qu'il soit besoin de les soumettre à des juges ; c'est seulement si des contestations naissent à leur sujet entre les
parties que ceux-ci auront à en connaître. C'est ce que M.
Dupuis a très nettement fait ressortir au sein de la Commission ; et, pour donner à cette idée, qui était bien la
sienne, toute sa force, M. Rolin a proposé de modifier légèrement le texte qu'il avait proposé en le libellant de la
sorte : « Celle-ci (la juridiction des prises) est également
compétente pour se prononcer sur les *réclamations* relatives, etc... ».

La proposition de M. Edouard Rolin Jaequemyns, ainsi
précisée, a été adoptée par la Commission ; l'article 118 du
projet, devenu l'article 119, a reçu finalement la rédaction
suivante :

« *La légalité et la régularité de la capture des navires
ennemis et de la saisie des marchandises doivent être éta-*

blies devant la juridiction des prises. Celle-ci est également compétente pour se prononcer sur les réclamations relatives à l'exercice du droit de retenue ou de réquisition et sur les indemnités qui peuvent en découler ».

SECTION IX. — *De la fin des hostilités.*

Les règles consacrées à cet égard par le Manuel d'Oxford basé sur le droit de capture ont été reproduites dans le Manuel fondé sur l'idée d'inviolabilité. Elles ont été acceptées sans débat par la Commission.

ARTICLE ADDITIONNEL

Cet article, emprunté au Manuel d'Oxford, n'a donné lieu, au sein de la Commision, à aucune observation.

III

Projet de la Commission
comparé à celui du 27 décembre 1913.

***

PRÉAMBULE.

L'Institut de droit international, dans sa session de Christiania, a déclaré maintenir fermement ses Résolutions antérieures en ce qui concerne l'abolition de la capture et de la confiscation de la propriété privée ennemie dans la guerre maritime. En exécution de cette décision, l'Institut a, dans sa session de Munich, le..... 1914, adopté le Manuel qui suit, fondé sur le principe de l'inviolabilité (1).

***

(1) DÉFINITIONS. — La *capture* est l'acte par lequel le commandant du bâtiment de guerre substitue son autorité à celle du capitaine du navire ennemi sous réserve du jugement ultérieur de la juridiction des prises quant au sort définitif du navire et de sa cargaison.

La *saisie*, lorsqu'elle s'applique au navire, est l'acte par lequel le bâtiment de guerre prend possession du navire arrêté, avec ou sans l'assentiment du capitaine de celui-ci. La saisie diffère de la capture en ce que le sort ultérieur du navire peut n'être pas en cause quant à l'éventualité de sa confiscation.

Appliquée aux marchandises seules, la saisie est l'acte par lequel le bâtiment de guerre, avec ou sans l'assentiment du capitaine du navire

SECTION Ire. — *Des lieux où des hostilités peuvent être commises.*

Article 1er (1er) (1). — Les règles spéciales à la guerre maritime ne sont applicables qu'à la pleine mer et aux eaux territoriales des belligérants à l'exclusion des eaux qui, sous le rapport de la navigation, ne doivent pas être considérées comme maritimes.

SECTION II. — *De la force armée des Etats belligérants.*

Article 2 (2). — *Bâtiments de guerre.* — Font partie de la force armée d'un Etat belligérant et sont, dès lors, soumis comme tels aux lois de la guerre maritime :

1° tous bâtiments appartenant à l'Etat qui, sous la direction d'un commandant militaire et montés par un équipage

---

arrêté, prend possession de ces marchandises et les détient ou en dispose sous réserve du jugement ultérieur de la juridiction des prises.

La *confiscation* est l'acte par lequel la juridiction des prises valide la capture d'un navire ou la saisie de marchandises.

Le mot *prise* est une expression générale s'appliquant au navire capturé ou à la marchandise saisie. Il désigne également le fait de s'emparer d'un bâtiment de guerre.

Sont désignés commes *navires publics* tous navires autres que les bâtiments de guerre qui, appartenant à l'Etat ou à des particuliers, sont affectés à un service public et se trouvent sous les ordres d'un fonctionnaire dûment commissionné de l'Etat.

(1) Les chiffres entre parenthèses désignent les articles correspondants du Projet du 27 décembre 1913.

militaire, portent, avec autorisation, le pavillon et la flamme de la marine militaire ;

2° les navires transformés par l'Etat en bâtiments de guerre conformément aux articles 3 (3) à 6 (6).

Article 3 (3). — *Transformation des navires publics et privés en bâtiments de guerre.* — Aucun navire transformé en bâtiment de guerre ne peut avoir les droits et les obligations attachés à cette qualité, s'il n'est placé sous l'autorité directe, le contrôle immédiat et la responsabilité de la puissance dont il porte le pavillon.

Article 4 (4). — Les navires transformés en bâtiments de guerre doivent porter les signes extérieurs distinctifs des bâtiments de guerre de leur nationalité.

Article 5 (5). — Le commandant doit être au service de l'Etat et dûment commissionné par les autorités compétentes ; son nom doit figurer sur la liste des officiers de la flotte militaire.

Article 6 (6). — L'équipage doit être soumis aux règles de la discipline militaire.

Article 7 (7). — Tout navire transformé en bâtiment de guerre est tenu d'observer dans ses opérations les lois et coutumes de la guerre.

Article 8 (8). — Le belligérant qui transforme un navire en bâtiment de guerre doit, le plus tôt possible, mentionner cette transformation sur la liste des bâtiments de sa flotte militaire.

Article 9 (9). — La transformation d'un navire en bâtiment de guerre ne peut être faite par un belligérant que dans ses propres eaux, dans celles d'un Etat allié également belligérant, dans celles de l'adversaire, ou enfin dans celles d'un territoire occupé par les troupes de l'un de ces Etats.

Article 10 (10). — *Transformation des bâtiments de guerre en navires publics ou privés.* — Un bâtiment 'de guerre ne peut, tant que durent les hostilités, être transformé en navire public ou en navire privé.

Article 11 (11). — *Personnel belligérant.* — Font partie de la force armée d'un Etat belligérant et sont, dès lors, soumis comme tels aux lois de la guerre maritime, en tant qu'ils accomplissent des opérations sur mer :

1° le personnel des bâtiments indiqués à l'article 2 (2) ;

2° les troupes de l'armée de mer, active ou de réserve ;

3° le personnel militarisé existant sur les côtes ;

4° les troupes régulières ou régulièrement organisées conformément à l'article 1er du Règlement de La Haye du 18 octobre 1907 concernant les lois et coutumes de la guerre sur terre, autres que celles de l'armée de mer.

Article 12 (12). — *Course, Navires privés, Navires publics ne constituant pas des bâtiments de guerre.* — La course est interdite.

En dehors des conditions déterminées aux articles 3 (3) et suivants, les navires publics et les navires privés, ainsi que leur personnel, ne peuvent pas se livrer à des actes d'hostilité contre l'ennemi.

Il est toutefois permis aux uns et aux autres d'employer la force pour se défendre contre l'attaque d'un navire ennemi.

Article 13 (13). — *Population du territoire non occupé.* — La population d'un territoire non occupé qui, à l'approche de l'ennemi, arme spontanément des navires pour le combattre, sans avoir eu le temps de les faire transformer en bâtiments de guerre conformément aux articles 3 (3) et suivants, sera considérée comme belligérante, si elle agit ouvertement et si elle respecte les lois et usages de la guerre.

SECTION III. — *Des moyens de nuire à l'ennemi.*

Article 14 (14). — *Principe.* — Les belligérants n'ont pas un droit illimité quant au choix des moyens de nuire à l'ennemi.

Article 15 (15). — *Moyens perfides et barbares.* — Les ruses de guerre sont considérées comme licites. Toutefois, les moyens qui impliquent la perfidie sont défendus.

Ainsi il est interdit :

1° de tuer ou de blesser par trahison des individus appartenant à la partie adverse ;

2° d'user indûment du pavillon parlementaire, de faire usage de faux pavillons, uniformes ou insignes, quels qu'ils soient, notamment de ceux de l'ennemi, ainsi que des signes distinctifs de l'assistance hospitalière indiqués aux articles 46 (45) et 47 (46).

Article 16 (16). — Outre les prohibitions qui seraient établies par des conventions spéciales, il est interdit :

1° d'employer du poison ou des armes empoisonnées, ainsi que des projectiles qui ont pour but unique de répandre des gaz asphyxiants ou délétères ;

2° d'employer des armes, des projectiles ou des matières propres à causer des maux superflus. Rentrent spécialement dans cette catégorie les projectiles explosibles ou chargés de matières fulminantes ou inflammables, d'un poids inférieur à 400 grammes, et les balles qui s'épanouissent ou s'aplatissent facilement dans le corps humain, telles que les balles à enveloppe dure dont l'enveloppe ne couvrirait pas complètement le noyau ou serait pourvue d'incisions.

Article 17 (17). — Il est également interdit :

1° de tuer ou de blesser un ennemi qui, ayant mis bas

les armes ou n'ayant plus les moyens de se défendre, s'est rendu à discrétion ;

2° de couler un navire qui s'est rendu, avant d'avoir recueilli l'équipage ;

3° de déclarer qu'il ne sera pas fait de quartier.

Article 18 (18). — Le pillage et la dévastation sont interdits.

Il est interdit de détruire des propriétés ennemies, hors les cas où ces destructions seraient impérieusement commandées par les nécessités de la guerre ou autorisées par les dispositions du présent règlement.

Article 19 (19). — *Torpilles.* — Il est interdit de faire usage de torpilles qui ne deviennent pas inoffensives lorsqu'elles auront manqué leur but.

Article 20 (20). — *Mines sous-marines.* — Il est interdit de placer en pleine mer des mines automatiques de contact, amarrées ou non.

Article 21 (21). — Les belligérants peuvent placer des mines dans leurs eaux territoriales et dans celles de l'ennemi.

Mais il leur est interdit, même dans ces eaux territoriales:

1° de placer des mines automatiques de contact non amarrées, à moins qu'elles ne soient construites de manière à devenir inoffensives une heure au maximum après que celui qui les a placées en aura perdu le contrôle ;

2° de placer des mines automatiques de contact amarrées qui ne deviennent pas inoffensives dès qu'elles auront rompu leurs amarres.

Article 22 (22). — Un belligérant ne peut placer des mines devant les côtes et les ports de son adversaire que pour des buts navals et militaires. Il lui est interdit de les y placer pour établir ou maintenir un blocus de commerce.

Article 23 (23). — Lorsque des mines automatiques de contact, amarrées ou non amarrées, sont employées, toutes les précautions doivent être prises pour la sécurité de la navigation pacifique.

Les belligérants pourvoiront notamment, dans la mesure du possible, à ce que les mines deviennent inoffensives après un laps de temps limité.

Dans le cas où les mines cesseraient d'être surveillées par eux, les belligérants signaleront les régions dangereuses, aussitôt que les exigences militaires le permettront, par un avis à la navigation, qui devra être aussi communiqué aux gouvernements par la voie diplomatique.

Article 24 (24). — A la fin de la guerre, les Etats belligérants feront tout ce qui dépend d'eux pour enlever, chacun de son côté, les mines qu'ils auront placées.

Quant aux mines automatiques de contact amarrées que l'un des belligérants aurait laissées sur les côtes de l'autre, l'emplacement en sera notifié à l'autre partie par l'Etat qui les aura posées, et chaque Etat devra procéder, dans le plus bref délai, à l'enlèvement des mines qui se trouvent dans ses eaux.

Les Etats belligérants auxquels incombe l'obligation d'enlever les mines après la fin de la lutte devront, dans le plus bref délai possible faire connaître que l'enlèvement de ces mines a été terminé dans la mesure du possible.

Article 25 (25). — *Bombardement.* — Il est interdit de bombarder des ports, villes, villages, habitations ou bâtiments qui ne se défendent .pas.

Une localité ne peut pas être bombardée à raison du seul fait que, devant ses côtes, se trouvent mouillées des mines sous-marines automatiques de contact.

Article 26 (26). — Toutefois, ne sont pas compris dans cette interdiction les ouvrages militaires, établissements militaires ou navals, dépôts d'armes ou de matériel de guerre, ateliers et installations propres à être utilisés pour les besoins de la flotte ou de l'armée ennemie et les bâtiments de guerre se trouvant dans le port. Le commandant d'une force navale pourra, après sommation avec délai raisonnable, les détruire par le canon, si tout autre moyen est impossible et lorsque les autorités locales n'auront pas procédé à cette destruction dans le délai fixé.

Il n'encourt aucune responsabilité dans ce cas pour les dommages involontaires qui pourraient être occasionnés par le bombardement.

Si des nécessités militaires, exigeant une action immédiate, ne permettaient pas d'accorder de délai, il reste entendu que l'interdiction de bombarder une ville qui ne se défend pas subsiste comme dans le cas énoncé dans l'alinéa 1er et que le commandant prendra toutes les dispositions voulues pour qu'il en résulte pour cette ville le moins d'inconvénients possibles.

Article 27 (27). — Est interdit le bombardement, pour le non paiement des contributions en argent ou pour le refus d'obtempérer à des réquisitions de vivres ou d'approvisionnements, des ports, villes, villages, habitations ou bâtiments qui ne se défendent pas.

Article 28 (28). — Dans le bombardement, toute dévastation inutile reste interdite et, notamment, toutes les mesures doivent être prises par le commandant de la force assaillante pour épargner, autant que possible, les édifices consacrés aux cultes, aux arts, aux sciences et à la bienfaisance, les monuments historiques, les hôpitaux et les lieux de rassemblement de malades ou de blessés, à condition qu'ils ne soient pas employés en même temps à un but militaire.

Le devoir des habitants est de désigner ces monuments, ces édifices ou lieux de rassemblement, par des signes visibles, qui consisteront en grands panneaux rectangulaires rigides, partagés, suivant une des diagonales, en deux triangles de couleur, noire en haut et blanche en bas.

Article 29 (29). — Sauf le cas où les exigences militaires ne le permettraient pas, le commandant de la force navale assaillante doit, avant d'entreprendre le bombardement, faire tout ce qui dépend de lui pour avertir les autorités.

Article 30 (30). — *Blocus.* — Les ports et côtes de l'ennemi ou occupés par lui peuvent être soumis à un blocus conformément aux règles du droit international.

SECTION IV. — *Des droits et des devoirs du belligérant en ce qui concerne les choses de l'ennemi.*

Article 31 (31). — A. *Navires et cargaisons.* — *Bâtiments de guerre.* — La force armée d'un Etat peut attaquer, pour s'en emparer ou les détruire, avec leur armement et leurs approvisionnements, les bâtiments de guerre de l'ennemi, même s'ils se trouvent, au début de la lutte, dans un port de l'Etat, ou sont rencontrés en mer dans l'ignorance des hostilités, ou si la force majeure les a contraints d'entrer dans un port ou les a jetés sur les côtes du dit Etat.

PROJET DE LA COMMISSION	PROJET DU 27 DÉCEMBRE 1913
Article 32 (32). — *Navires publics et navires privés.* — *Arrêt, visite et recherches.* — Tous navires autres que ceux de la marine de guerre, qu'ils appartiennent à l'Etat ou à des particuliers, peuvent être sommés par un bâtiment de guerre belligérant de s'arrê-	Article 32. — *Navires publics et navires privés.* — *Règles communes.* — Tous navires autres que ceux de la marine de guerre qu'ils appartiennent à l'Etat ou à des particuliers, peuvent être sommés par un bâtiment de guerre belligérant de s'arrê-

ter pour qu'il soit procédé, à leur bord, à une visite et à des recherches.

Le bâtiment de guerre du belligérant, pour inviter le navire à s'arrêter, tirera un coup de canon de semonce à poudre et, si cet avis n'est pas suffisant, il tirera un projectile dans l'avant du navire. Auparavant, ou en même temps, le bâtiment de guerre hissera son pavillon au dessus duquel, en temps de nuit, un fanal sera placé. Le navire répond au signal en hissant son propre pavillon et en s'arrêtant aussitôt; dans ce cas, le bâtiment de guerre enverra au navire arrêté une chaloupe montée par un officier accompagné d'un nombre d'hommes suffisant, dont deux ou trois seulement se rendront avec l'officier à bord du navire arrêté.

La visite consiste en premier lieu dans l'examen des papiers de bord.

Si les papiers de bord sont insuffisants ou ne sont pas de nature à exclure les soupçons, l'officier qui opère la visite est en droit de procé-

ter pour qu'il soit procédé, à leur bord, à une visite et à des recherches.

Le bâtiment de guerre du belligérant, pour inviter le navire à s'arrêter, tirera un coup de canon de semonce à poudre et, si cet avis n'est pas suffisant, il tirera un projectile dans l'avant du navire. Auparavant, ou en même temps, le bâtiment de guerre hissera son pavillon au dessus duquel, en temps de nuit, un fanal sera placé. Le navire répond au signal en hissant son propre pavillon et en s'arrêtant aussitôt; dans ce cas, le bâtiment de guerre enverra au navire arrêté une chaloupe montée par un officier accompagné d'un nombre d'hommes suffisant, dont deux ou trois seulement se rendront avec l'officier à bord du navire arrêté.

La visite consiste en premier lieu dans l'examen des papiers de bord.

Si les papiers de bord sont insuffisants ou ne sont pas de nature à exclure les soupçons, l'officier qui opère la visite est en droit de procéler à des recherches sur le navire, et il doit requérir à cet effet le concours du capitaine.

La visite des paquebots-poste doit, comme il est dit à l'article 62, être effectuée avec tous les ménagements et toute la célérité possibles.

Les navires convoyés par un bâtiment de guerre neutre ne sont soumis à la visite que dans la mesure des règles relatives aux convois.

der à des recherches sur le navire, et il doit requérir à cet effet le concours du capitaine.

La visite des paquebots-poste doit, comme il est dit à l'article 61, être effectuée avec tous les ménagements et toute la célérité possibles.

Les navires convoyés par un bâtiment de guerre neutre ne sont soumis à la visite que dans la mesure des règles relatives aux convois.

Article 33. — La capture et la saisie, en tant qu'elles s'appliquent, d'après les articles qui suivent, aux navires privés et aux navires publics ainsi qu'à leur chargement, sont admises alors même que les navires ou les marchandises sont tombés au pouvoir du belligérant à la suite d'une force majeure, par naufrage ou relâche forcée.

Article 34. — Sont passibles de saisie les navires qui ne possèdent aucuns papiers de bord, ont caché ou détruit intentionnellement ceux qu'ils possédaient ou en présentent de faux.

Article 33 (35). — *Navires privés*. — Les navires privés, de nationalité ennemie, sont exempts de capture et même de saisie, sauf les exceptions ci-après indiquées.

La propriété privée se trouvant à bord de ces navires est exempte de saisie, à moins qu'elle ne présente les caractères de la contrebande de guerre.

La propriété publique se trouvant à bord de ces navires peut être retenue sans indemnité, mais à charge de restitution après la guerre ; toutefois sont sujets à saisie le numéraire, les fonds et les valeurs exigibles, les armes, ainsi que toute marchandise présentant les caractères de la contrebande de guerre et toute marchandise en provenance ou à destination d'entreprises agricoles, industrielles ou commerciales de l'Etat.

Article 34 (36 § 1). — Sont susceptibles de capture ou de saisie, comme les navires neutres accomplissant les mê-

Article 35. — *Navires privés*. — Les navires privés, de nationalité ennemie, sont exempts de saisie, sauf les exceptions ci-après indiquées.

Les marchandises ennemies qui existent à leur bord sont de même insaisissables, à moins qu'elles n'aient le caractère de contrebande de guerre ou ne constituent une propriété de l'Etat. La propriété publique ennemie ne présentant pas une nature hostile peut être saisie [sans indemnité (1)] moyennant l'obligation de la restituer après la guerre, ou être réquisitionnée avec indemnité.

Article 36. — Sont susceptibles de capture avec leur chargement, comme des navires neutres accomplissant

(1) Mots omis par inadvertance.

mes actes, les navires privés ennemis qui transportent de la contrebande de guerre, violent un blocus ou en général participent d'une façon quelconque aux hostilités, ou commettent d'autres actes qui sont interdits aux neutres comme assistance hostile.

Les marchandises privées ennemies transportées à bord de ces navires sont sujettes à saisie :

1° si les marchandises ont le caractère de contrebande de guerre ou si elles appartiennent au propriétaire d'articles de contrebande de guerre qui se trouvent à bord du même navire ;

2° si le navire est reconnu coupable de violation de blocus, à moins qu'il ne soit prouvé qu'au moment où la marchandise a été embarquée le chargeur n'a ni connu ni pu connaître l'intention de violer le blocus ;

3° si les marchandises appartiennent au propriétaire du navire privé ennemi sur lequel elles sont chargées et si ce navire participe d'une façon quelconque aux hosti-

les mêmes actes, les navires privés ennemis qui participent d'une façon quelconque aux hostilités ou commettent d'autres actes qui sont interdits aux neutres comme assistance hostile.

Il en est de même si, sommés de s'arrêter pour être soumis à la visite, ils essayent de s'y soustraire par la force ou par la fuite.

lités ou commet d'autres actes qui sont interdits aux
neutres comme assistance
hostile.

Les règles indiquées aux 1°
et 2° ci-dessus sont applicables à la propriété publique
ennemie qui se trouve à bord
de ces navires et qui ne serait sujette qu'à simple retenue en vertu des dispositions
de l'article 33.

Article 35 (34 et 36 § 2). —
Sont susceptibles de capture
les navires privés ennemis
qui, sommés de s'arrêter pour
être soumis à la visite, essayent de s'y soustraire
par la force ou par la fuite
et ceux qui ne possèdent aucuns papiers de bord, ont caché ou détruit intentionnellement ceux qu'ils possé-
daient ou en présentent de
faux.

Les marchandises apparte-
nant au capitaine ou au propriétaire de ces navires ainsi
que la propriété publique ennemie se trouvant à leur
bord sont sujettes à saisie.

Article 36 (37, 38 et 39). —
Les navires privés qui se
trouvent dans un port enne-

Article 37. — Lorsqu'un navire privé relevant d'une des
puissances belligérantes, qui

mi ou y entrent à l'ouverture des hostilités sans les connaître ou sont rencontrés en mer dans l'ignorance de celles-ci ne sont soumis ni à saisie ni à retenue.

Toutefois les marchandises privées présentant les caractères de la contrebande de guerre et la propriété publique se trouvant sur ces navires peuvent être retenues sans indemnité.

présente un caractère d'assistance hostile aux termes de l'article 36, alinéa 1, se trouve, au début des hostilités, dans un port ennemi, il lui est permis de sortir librement, immédiatement ou après un délai suffisant, et de gagner directement, après avoir été muni d'un laisser-passer, son port de destination ou tel autre port qui lui sera désigné.

Il en est de même du navire ayant quitté son dernier port de départ avant le commencement de la guerre et entrant dans un port ennemi sans connaître les hostilités.

Le navire privé présentant un caractère d'assistance hostile qui, par suite de circonstances de force majeure, n'aurait pu quitter le port ennemi pendant le délai visé aux alinéas précédents ne peut être capturé. Le belligérant peut seulement le saisir moyennant l'obligation de le restituer après la guerre sans indemnité, ou le réquisitionner moyennant indemnité.

Article 38. — Les navires privés ennemis présentant un

caractère d'assistance hostile qui ont quitté leur dernier port de départ avant le commencement de la guerre et qui sont rencontrés en mer, ignorants des hostilités, ne peuvent être capturés. Ils sont seulement sujets à être saisis moyennant l'obligation de les restituer après la guerre sans indemnité, ou à être réquisitionnés ou même à être détruits, à charge d'indemnité, et sous obligation de pourvoir à la sécurité des personnes ainsi qu'à la conservation des papiers de bord.

Néanmoins, au cas où ces navires seraient rencontrés en mer avant l'expiration d'un délai suffisant à accorder par le belligérant, la saisie ne peut être opérée. Les navires ainsi rencontrés sont libres de gagner leur port de destination ou tel autre port qui leur serait désigné.

Après avoir touché à un port de leur pays ou à un port neutre, ces navires sont soumis au droit de capture conformément à l'article 36.

Article 39. — Les marchandises constituant une assistance hostile et celles appartenant à l'Etat ennemi qui se trouvent à bord des navires visés à l'article 37 et à l'article 38, alinéas 1 et 2, peuvent être retenues, alors même que les navires ne sont pas passibles de saisie ; elles seront restituées après la guerre sans indemnité, sauf à être réquisitionnées moyennant indemnité.

Article 37 (40). — Les navires privés dont la construction indique qu'ils sont destinés à être transformés en bâtiments de guerre ou dont l'aménagement ou les contrats permettent de présumer leur emploi aux usages de la guerre peuvent être retenus sans indemnité. Ces navires seront restitués après la guerre.

Il en sera ainsi alors même que ces navires se trouveraient dans un port ennemi ou y entreraient à l'ouverture des hostilités sans les connaître ou seraient rencontrés en mer dans l'ignorance de celles-ci.

Article 40. — Les navires privés dont la construction indique qu'ils sont destinés à être transformés en bâtiments de guerre peuvent être saisis [sans indemnité (1)] ou réquisitionnés moyennant indemnité. Ces navires seront restitués après la guerre.

Il en sera ainsi, même si les navires se trouvent dans un port ennemi ou y entrent à l'ouverture des hostilités sans les connaître ou sont rencontrés en mer dans l'ignorance de celles-ci.

Dans ces cas, les marchandises à bord de ces navires, qui ne sont pas de la contre-

_____

(1) Mots omis par inadvertance.

Les marchandises privées ou publiques se trouvant à bord de ces navires sont soumises aux règles respectivement établies à l'article 33 et à l'article 36.

Article 38. — Les navires et la propriété des communes ou autres divisions administratives sont traités comme la propriété privée.

Article 39 (41). — *Navires publics*. — Les navires publics sont, sauf les exceptions ci-après indiquées, sujets à être retenus par l'ennemi moyennant obligation de les restituer après la guerre sans indemnité.

La propriété privée se trouvant à bord de ces navires est exempte de saisie, à moins qu'elle ne présente les caractères de la contrebande de guerre.

La propriété publique se trouvant à bord de ces navires peut être retenue sans indemnité, mais à charge de restitution après la guerre ; toutefois sont sujets à saisie le numéraire, les fonds et les valeurs exigibles, les armes, ainsi que toute marchandise bande de guerre ou n'appartiennent pas à l'Etat ennemi, sont exemptes de saisie.

Article 41. — *Navires publics*. — Les navires publics, ainsi que les marchandises appartenant à l'Etat qui y sont chargées, sont, sauf les exceptions ci-après indiquées, sujets à être saisis par l'ennemi moyennant l'obligation de les restituer après la guerre sans indemnité ou à être réquisitionnés à charge d'indemnité.

présentant les caractères de la contrebande de guerre et toute marchandise en provenance ou à destination d'entreprises agricoles, industrielles ou commerciales de l'Etat.

Article 40 (42). — Les navires publics sont sujets à capture s'ils servent d'une façon quelconque aux opérations de la guerre, commettent des actes d'assistance hostile, résistent à la visite, n'ont pas de papiers de bord, les ont cachés ou détruits intentionnellement ou en possèdent de faux.

Les marchandises privées ou publiques se trouvant à bord de ces navires sont soumises aux mêmes règles que celles existant sur des navires privés dans les mêmes conditions.

Article 42. — Les navires publics sont toutefois sujets à capture, avec leur chargement même appartenant à des particuliers, dans les conditions admises pour les navires privés, s'ils servent d'une façon quelconque aux opérations de la guerre, commettent des actes d'assistance hostile, résistent à la visite, n'ont pas de papiers de bord, les ont cachés ou détruits intentionnellement ou en possèdent de faux.

Article 43. — Les navires publics peuvent également être capturés si leur construction indique qu'ils sont destinés à être transformés en bâtiments de guerre. En dehors du cas où elles constituent de la contrebande de guerre, les marchandises pri-

Article 41 (44). — Les règles indiquées dans l'article 39 sont applicables même si à l'ouverture des hostilités les navires publics se trouvent dans un port ennemi ou y entrent sans les connaître ou sont rencontrés en mer dans l'ignorance de celles-ci.

Toutefois, dans ces cas, les marchandises privées ennemies présentant les caractères de la contrebande de guerre ne sont soumises qu'à simple retenue.

vées doivent être laissées libres et les marchandises publiques saisies ou réquisitionnées dans les termes de l'article 41.

Article 44. — Les navires publics qui se trouvent au début des hostilités dans un port ennemi et ceux qui, ayant quitté leur dernier port de départ avant le commencement de la guerre, sont entrés dans ce port sans connaître les hostilités ou sont rencontrés en mer par l'enemi dans l'ignorance de celles-ci sont, avec leurs marchandises, soumis au traitement prévu pour les navires privés par les articles 37, 38 et 39.

La liberté reconnue aux navires privés par l'article 37, alinéas 1 et 2 et par l'article 38, alinéa 2 n'est pas toutefois applicable aux navires publics se trouvant dans un port ou rencontrés en mer, s'ils doivent être employés à un service militaire ou hostile ou sont susceptibles par leur construction d'être transformés en bâtiments de guerre : le belligérant a, dans ces cas, le droit de les saisir moyennant l'obligation de les restituer après la guerre sans indemnité ou de les réquisitionner moyennant indemnité.

Article 42 (43). — Les navires publics dont la construction indique qu'ils sont destinés à être transformés en bâtiments de guerre ou dont l'aménagement ou les contrats permettent de présumer leur emploi aux usages de la guerre peuvent être capturés, même s'ils se trouvent dans un port ennemi ou y entrent à l'ouverture des hostilités sans les connaître ou sont rencontrés en mer dans l'ignorance de celles-ci.

Les marchandises privées ou publiques se trouvant à bord de ces navires sont soumises aux règles établies à l'article 39.

Article 43 (33). — *Dispositions communes aux navires privés et publics.* — La capture et la saisie, en tant qu'elles s'appliquent, d'après les articles qui précèdent, aux navires privés et aux navires publics ainsi qu'à leur chargement, sont admises alors même que les navires ou les marchandises sont tombés au pouvoir du belligérant à la suite d'une force majeure, par naufrage ou relâche forcée.

Article 44. — Les objets et matériaux ennemis qui servent exclusivement à soigner les malades et les blessés et qui sont chargés sur un navire privé ennemi ou sur un navire public ennemi doivent, même s'ils appartiennent à l'Etat ennemi, être respectés et ne peuvent en général pas être saisis par l'ennemi.

Article 45. — Les biens meubles ennemis consacrés aux cultes, à la charité et à l'instruction, aux arts et aux sciences, qui sont chargés sur un navire privé ennemi ou sur un navire public ennemi ne peuvent être saisis, même s'ils appartiennent à l'Etat ennemi.

Toute saisie, destruction cu dégradation intentionnelle de semblables biens meubles est interdite et doit être poursuivie.

Toutefois ils peuvent être retenus, sauf restitution après la guerre, s'il y a des appréhensions sérieuses que, vu la valeur de ces objets, l'adversaire pourrait les utiliser pour les buts de la guerre en les vendant ou en les réalisant autrement. Dans le cas d'une telle rétention il sera dressé un protocole conformément aux prescriptions de l'article 57.

Article 46 (45). — *Bâtiments hospitaliers.* — Sont respectés et ne peuvent être saisis pendant la durée des hostilités les bâtiments-hôpitaux militaires, c'est-à-dire les bâtiments construits ou aménagés par les Etats spécialement et uniquement en vue de porter secours aux blessés, malades et naufragés, et dont les noms auront été communiqués, à l'ouverture ou au cours des hostilités, en tout cas avant toute mise en usage, aux puissances belligérantes.

Les bâtiments-hôpitaux militaires seront distingués par une peinture extérieure blanche avec une bande horizontale verte d'un mètre et demi de largeur environ.

Les embarcations des bâtiments qui viennent d'être mentionnés, comme les petits bâtiments qui pourront être affectés au service hospitalier, se distingueront par une peinture analogue.

Tous les bâtiments hospitaliers se feront reconnaître en hissant, avec leur pavillon national, le pavillon blanc à croix rouge prévu par la Convention de Genève.

Les bâtiments et embarcations ci-dessus mentionnés, qui veulent s'assurer, la nuit, le respect auquel ils ont droit, ont, avec l'assentiment du belligérant qu'ils accompagnent, à prendre les mesures nécessaires pour que la peinture qui les caractérise soit suffisamment apparente.

Les signes distinctifs prévus au présent article ne pourront être employés que pour protéger ou désigner les bâtiments mentionnés.

Ces bâtiments ne peuvent être utilisés pour aucun but militaire.

Ils ne devront gêner en aucune manière les mouvements des combattants.

Pendant et après le combat, ils agiront à leurs risques et périls.

Les belligérants auront sur eux le droit de contrôle et de visite ; ils pourront refuser leur concours, leur enjoindre de s'éloigner, leur imposer une direction déterminée et mettre à bord un commissaire, même les détenir, si la gravité des circonstances l'exigeait.

Autant que possible, les belligérants inscriront sur le journal du bord des bâtiments hospitaliers les ordres qu'ils leur donneront.

Les bâtiments hospitaliers qui, dans les termes du présent article, sont détenus par l'ennemi auront à rentrer le pavillon national du belligérant dont ils relèvent.

Article 47 (46). — Les bâtiments hospitaliers, équipés en totalité ou en partie aux frais des particuliers ou des sociétés de secours officiellement reconnues, sont également respectés et exempts de saisie, si la puissance belligérante dont ils dépendent leur a donné une commission officielle et en a notifié les noms à la puissance adverse à l'ouverture ou au cours des hostilités, en tout cas avant toute mise en usage.

Ces navires doivent être porteurs d'un document de l'autorité compétente déclarant qu'ils ont été soumis à son contrôle pendant leur armement et à leur départ final.

Les bâtiments dont il s'agit seront distingués par une

peinture extérieure blanche avec une bande horizontale rouge d'un mètre et demi de largeur environ.

Ils sont soumis aux règles établies pour les bâtiments hôpitaux militaires par l'article 46 (45).

Article 48 (47). — Dans le cas d'un combat à bord d'un vaisseau de guerre, les infirmeries et leur matériel seront respectés et ménagés autant que faire se pourra. Tout en demeurant soumis aux lois de la guerre, ils ne pourront être détournés de leur emploi, tant qu'ils seront nécessaires aux blessés et malades. Le commandant qui les a en son pouvoir a cependant la faculté d'en disposer, en cas de nécessité militaire importante, en assurant le sort des blessés et malades qui s'y trouvent.

Article 49 (48). — La protection due aux bâtiments hospitaliers et aux infirmeries des vaisseaux cesse si l'on en use pour commettre des actes nuisibles à l'ennemi. N'est pas considéré comme étant de nature à justifier le retrait de la protection le fait que le personnel de ces bâtiments et de ces infirmeries est armé pour le maintien de l'ordre et pour la défense des blessés ou malades, ainsi que le fait de la présence à bord d'une installation radio-télégraphique.

Article 50 (49). — *Navires de cartel.* — Ne peuvent être saisis, pendant qu'ils remplissent leur mission, les navires, dits de cartel, qui font office de parlementaires, même s'ils appartiennent à la marine militaire.

Est considéré comme navire de cartel, le navire autorisé par l'un des belligérants à entrer en pourparlers avec l'autre et se présentant avec un pavillon blanc.

Le chef auquel un navire de cartel est expédié n'est pas obligé de le recevoir en toutes circonstances. Il peut prendre toutes les mesures nécessaires afin d'empêcher le navire de cartel de profiter de sa mission pour se renseigner. Il a le droit, en cas d'abus, de retenir temporairement le navire de cartel.

Le navire de cartel perd ses droits d'inviolabilité, s'il est prouvé, d'une manière positive et irrécusable, que le commandant a profité de la position privilégiée de ce navire pour provoquer ou commettre un acte de trahison.

Article 51 (50). — *Navires chargés de missions.* — Sont exempts de saisie les navires chargés de missions religieuses, scientifiques ou philanthropiques.

Article 52 (51). — *Bateaux affectés à la pêche côtière et à la petite navigation locale.* — Les bateaux exclusivement affectés à la pêche côtière ou à des services de petite navigation locale, y compris ceux exclusivement affectés au pilotage ou aux services des phares, comme aussi les navires destinés à naviguer principalement sur les fleuves, canaux et lacs, sont exempts de saisie, ainsi que leurs engins, agrès, apparaux et chargements.

Il est interdit de profiter du caractère inoffensif des dits bateaux pour les employer dans un but militaire en leur conservant leur apparence pacifique.

Article 50. — *Navires chargés de missions.* — Sont exempts de saisie les navires publics chargés de missions religieuses, scientifiques ou philanthropiques.

Article 51. — *Bateaux affectés au pilotage ou au service des phares et à la navigation intérieure.* — Les bateaux publics exclusivement affectés au pilotage ou au service des phares, comme aussi ceux destinés à naviguer principalement sur les fleuves, canaux et lacs, sont exempts de saisie, ainsi que leurs engins, agrès, apparaux et chargements.

Il est interdit de profiter du caractère inoffensif des dits bateaux pour les employer dans un but militaire en leur conservant leur apparence pacifique.

Article 53 (52). — *Navires munis d'un sauf conduit ou d'une licence.* — Sont exempts de saisie les navires ennemis pourvus d'un sauf-conduit ou d'une licence.

Article 54 (53). — Les exceptions visées dans les articles 46 (45), 47 (46), 50 (49), 51 (50), 52 (51) et 53 (52) cessent d'être applicables si les navires qui en font l'objet participent d'une façon quelconque aux hostilités ou commettent d'autres actes qui sont interdits aux neutres comme assistance hostile.

Il en est de même si, sommés de s'arrêter pour être soumis à la visite, ils essayent de s'y soustraire par la force ou par la fuite.

Article 55 (54). — *Droit de réquisition.* — En dehors de ceux qui servent de cartel et de ceux qui sont affectés au service hospitalier ou au service des missions religieuses, scientifiques ou philanthropiques, les navires privés et publics ennemis peuvent, si les nécessités de la guerre l'exigent, être l'objet de réquisitions par les belligérants.

Une équitable indemnité sera due en ce cas aux navires privés.

Les bâtiments affectés au service des pilotes ou des

Article 52. — *Navires munis d'un sauf-conduit ou d'une licence.* — Sont exempts de saisie les navires publics ennemis pourvus d'un sauf-conduit ou d'une licence.

Article 54. — *Droit de réquisition et droit de préemption.* — En dehors de ceux qui servent de cartel ou sont affectés au service hospitalier, au service des pilotes ou des phares, à un service postal régulier, au service de missions religieuses, scientifiques ou philanthropiques, comme de ceux qui sont exclusivement affectés à la pêche côtière ou à des services de petite navigation locale, les navires privés ennemis peuvent, si les nécessités de la guerre l'exigent, être l'objet de réquisitions par les phares et ceux exclusivement affectés à la pêche côtière ou à des services de petite navigation locale ne peuvent être réquisitionnés qu'en cas de nécessité impérieuse et à condition de ne pas les écarter de leur rayon d'action normal.

Article 56 (55). — Les belligérants peuvent, dans les mêmes conditions, réquisitionner, à bord des navires ennemis tant privés que publics, les marchandises ennemies nécessaires à l'approvisionnement ou au ravitaillement immédiats de leurs flottes.

Les objets et matériaux ennemis qui servent exclusivement à soigner les malades et les blessés et qui sont chargés sur un navire privé ennemi ou sur un navire public ennemi ne peuvent être réquisitionnés qu'en cas de

belligérants, à la charge d'une équitable indemnité ou de dommages-intérêts, s'il y a lieu, qui seront fixés par le tribunal des prises compétent. Les réquisitions doivent être, autant que possible, payées au comptant ; sinon elles seront constatées par des reçus, et le payement des sommes dues sera effectué le plus tôt possible. Elles ne peuvent être réclamées qu'avec l'autorisation du commandant du bâtiment requérant.

Article 55. — Les belligérants peuvent, dans les mêmes conditions, préempter, même à bord des navires privés ennemis, les cargaisons ennemies qui sont nécessaires à l'approvisionnement ou au ravitaillement immédiats de leurs flottes.

écessité militaire importante
l moyennant indemnité.

Les biens meubles ennemis
onsacrés aux cultes, à la
harité et à l'instruction, aux
rts et aux sciences qui sont
hargés sur un navire privé
t sur un navire public ne
euvent pas être réquisition-
és, même s'ils appartien-
ent à l'Etat ennemi.

Article 57 (56). — Il sera
dressé par le requérant un
rotocole qui constatera les
écessités de la guerre exigeant la réquisition, et dans
equel il sera fait des objets
équisitionnés, autant que
ossible par des personnes
mpartiales, une estimation et
n inventaire soigneux. Une
opie de ce protocole sera
emise au capitaine ou au
atron du bâtiment réquisi-
ionné.

Les réquisitions doivent
tre autant que possible
ayées au comptant ; sinon
lles seront constatées par
es reçus et le payement des
ommes dues sera effectué le
lus tôt possible.

Les réquisitions ne peuvent
tre réclamées qu'avec l'au-

Article 56. — Il sera dressé
par le requérant un protocole, qui constatera les nécessités de la guerre exigeant
la réquisition ou la préemption, et dans lequel il sera
fait des objets réquisitionnés
ou préemptés, autant que
possible par des personnes
impartiales, une estimation
et un inventaire soigneux. Ce
protocole sera transmis au
tribunal des prises.

torisation du commandant du bâtiment requérant.

Article 58 (57). — *Contributions et rançons.* — Il n'est permis aux belligérants d'exiger des navires qu'ils rencontrent ni contributions ni rançons.

Article 57. — *Contributions.* — Il n'est pas permis aux belligérants d'exiger des navires privés qu'ils rencontrent des contributions en argent.

Article 59 (58). — *Droits du belligérant dans la zone de ses opérations.* — Alors qu'il n'aurait pas le droit de les saisir, un belligérant peut, même en haute mer, défendre aux navires de l'ennemi d'entrer dans la zone correspondant à la sphère d'action actuelle de ses opérations.

Il peut aussi leur interdire dans cette zone certains actes susceptibles de nuire à son action, notamment certains actes de communication, comme par exemple la télégraphie sans fil.

La simple infraction à ces interdictions entraînera le refoulement, même par la force, du navire hors de la zone interdite et le séquestre des appareils. Le navire, s'il est établi qu'il a communiqué avec l'ennemi pour lui fournir des renseignements sur la conduite des hostilités, pourra être considéré comme s'étant mis à son service et sera par suite passible de capture ainsi que ses appareils.

Article 60 (59). — *Du caractère ennemi.* — Le caractère ennemi ou neutre d'un navire est déterminé par le pavillon qu'il a le droit de porter.

Le caractère ennemi ou neutre des marchandises trouvées à bord d'un navire ennemi est déterminé par le caractère ennemi ou neutre de leur propriétaire.

Chaque Etat doit déclarer, au plus tard dès le début des hostilités, si le caractère ennemi ou neutre du propriétaire des marchandises est déterminé par le domicile ou par la nationalité de ce propriétaire.

Le caractère ennemi de la marchandise trouvée à bord d'un navire ennemi subsiste jusqu'à l'arrivée à destination, nonobstant un transfert intervenu pendant le cours de l'expédition, après l'ouverture des hostilités.

. Toutefois, si, antérieurement à la capture, un précédent propriétaire neutre exerce, en cas de faillite du propriétaire ennemi actuel, un droit de revendication légale sur la marchandise, celle-ci reprend le caractère neutre.

Article 61 (60). — *Du transfert de pavillon.* — Le transfert sous pavillon neutre d'un navire ennemi, effectué avant l'ouverture des hostilités, est valable, à moins qu'il soit établi que ce transfert a été effectué en vue d'éluder les conséquences qu'entraîne le caractère de navire ennemi. Il y a néanmoins présomption de nullité si l'acte de transfert ne se trouve pas à bord, alors que le navire a perdu la nationalité belligérante moins de soixante jours avant l'ouverture des hostilités ; la preuve contraire est admise.

Il y a présomption absolue de validité d'un transfert effectué plus de trente jours avant l'ouverture des hostilités, s'il est absolu, complet, conforme à la législation des pays intéressés, et s'il a cet effet que le contrôle du navire et le bénéfice de son emploi ne restent pas entre les mêmes mains qu'avant le transfert. Toutefois, si le navire a perdu la nationalité belligérante moins de soixante jours avant l'ouverture des hostilités, et si l'acte de transfert ne se trouve pas à bord, la saisie du navire ne pourra donner lieu à des dommages et intérêts.

Le transfert sous pavillon neutre d'un navire ennemi, effectué après l'ouverture des hostilités, est nul, à moins qu'il soit établi que ce transfert n'a pas été effectué en vue d'éluder les conséquences qu'entraîne le caractère de navire ennemi.

Toutefois, il y a présomption absolue de nullité : 1° si le transfert a été effectué pendant que le navire est en voyage ou dans un port bloqué ; 2° s'il y a faculté de réméré ou de retour ; 3° si les conditions, auxquelles est soumis le droit de pavillon d'après la législation du pavillon arboré, n'ont pas été observées.

Article 62 (61). — B. *Correspondance postale*. — La correspondance postale, quel que soit son caractère officiel ou privé, trouvée en mer sur un bâtiment ennemi, est inviolable, à moins qu'elle ne soit à destination ou en provenance d'un port bloqué.

L'inviolabilité de la correspondance postale ne soustrait pas les paquebots-poste aux lois et coutumes de la guerre sur mer concernant les navires en général. Toutefois la visite n'en doit être effectuée qu'en cas de nécessité avec tous les ménagements et toute la célérité possibles.

S'il y a saisie ou réquisition du navire sur lequel la poste est embarquée, la correspondance est expédiée avec le moins de retard possible par le capteur.

Article 63 (62). — C. *Câbles sous-marins*. — Les Etats belligérants ne sont autorisés à saisir ou à détruire, dans les conditions déterminées ci-dessous, que les câbles sous-marins reliant leurs territoires ou deux points de ces territoires, et les câbles reliant le territoire d'un des pays en guerre à un territoire neutre.

Le câble reliant les territoires des deux belligérants ou deux parties du territoire d'un des belligérants peut être saisi ou détruit partout, excepté dans les eaux d'un Etat neutre.

Le câble reliant un territoire neutre au territoire d'un des belligérants ne peut, en aucun cas, être saisi ou détruit dans les eaux dépendant d'un territoire neutre. En haute mer, ce câble ne peut être saisi ou détruit que s'il y a blocus effectif et dans les limites de la ligne de blocus, sauf rétablissement du câble dans le plus bref délai possible. Ce câble peut toujours être saisi ou détruit sur le territoire et dans la mer territoriale dépendant d'un territoire ennemi jusqu'à une distance de trois milles marins de la laisse de basse marée. La saisie ou la destruction ne peut jamais avoir lieu que dans le cas de nécessité absolue.

En ce qui concerne l'application des règles précédentes, il n'y a pas de différence à établir entre les câbles, selon qu'ils sont des câbles d'Etat ou qu'ils appartiennent à des particuliers ; il n'y a pas non plus à tenir compte de la nationalité de leurs propriétaires.

Les câbles sous-marins reliant un territoire belligérant à un territoire neutre, qui auront été saisis ou détruits, devront être restitués et les indemnités seront réglées à la paix.

SECTION V. — *Des droits et des devoirs du belligérant en ce qui concerne les personnes.*

Article 64 (63). — A. *Personnel des navires.* — *Bâtiments de guerre.* — En cas de prise par l'ennemi d'un bâtiment de guerre, les combattants et les non-combattants faisant partie de la force armée des belligérants ont droit au traitement des prisonniers de guerre.

Article 65 (67). — *Navires publics ou privés.* — Ne peuvent être retenus comme tels les membres du personnel d'un navire ennemi qui est lui-même exempt de saisie ou de retenue.

Article 66 (64). — Lorsqu'un navire ennemi public ou privé est retenu par un belligérant, les hommes de son équipage, nationaux d'un Etat neutre, ne sont pas faits prisonniers de guerre. Il en est de même du capitaine et des officiers, également nationaux d'un Etat neutre, s'ils promettent formellement par écrit de ne prendre, pendant la durée des hostilités, aucun service ayant rapport avec les opérations de la guerre. Le capitaine, les officiers et les membres de l'équipage, nationaux de l'Etat ennemi, ne sont pas faits prisonniers de guerre, à condition qu'ils s'engagent, sous la foi d'une promesse formelle écrite, à ne prendre, pendant la durée des hostilités, aucun service ayant rapport avec les opérations de la guerre.

Article 64. — *Navires publics ou privés.* — Lorsqu'un navire ennemi public ou privé est saisi par un belligérant, les hommes de son équipage, nationaux d'un Etat neutre, ne sont pas faits prisonniers de guerre. Il en est de même du capitaine et des officiers, également nationaux d'un Etat neutre, s'ils promettent formellement par écrit de ne prendre, pendant la durée des hostilités, aucun service ayant rapport avec les opérations de la guerre. Le capitaine, les officiers et les membres de l'équipage, nationaux de l'Etat ennemi, ne sont pas faits prisonniers de guerre, à condition qu'ils s'engagent, sous la foi d'une promesse formelle écrite, à ne prendre, pendant la durée des hostilités, aucun service ayant rap-

La même règle est applicable lorsqu'un navire public est capturé parce que sa construction indique qu'il est destiné à être transformé en bâtiment de guerre ou que son aménagement ou ses contrats permettent de présumer son emploi aux usages de la guerre.

port avec les opérations de la guerre.

Article 67 (65). — Les noms des individus laissés libres sous la condition de la promesse prévue par l'article précédent sont notifiés par le belligérant capteur à l'autre belligérant. Il est interdit à ce dernier d'employer sciemment les dits individus.

Article 68 (66). — Toute personne faisant partie de l'équipage d'un navire public ou privé ennemi est, sauf preuve contraire, présumée de nationalité ennemie.

Article 67. — Ne peuvent être retenus comme tels les membres du personnel d'un navire ennemi qui, à raison de son caractère particulier, est lui-même exempt de saisie.

Article 69 (68). — Lorsqu'un navire public ou privé a directement ou indirectement pris part aux hostilités, l'ennemi peut retenir comme prisonniers de guerre tous les membres du personnel du navire, sans préjudice des pénalités qui peuvent être encourues d'autre part.

Article 70 (69). — Les membres du personnel d'un navire public ou d'un navire privé, qui se rendent personnellement coupables d'un acte hostile envers l'ennemi, peuvent être retenus par lui comme prisonniers de guerre, sans préjudice des pénalités qui peuvent être encourues d'autre part.

Article 71 (70). — B. *Passagers*. — Les individus qui suivent une force navale sans en faire partie, tels que les fournisseurs, correspondants de journaux, etc., lorsqu'ils tombent au pouvoir de l'ennemi, et lorsque celui-ci juge utile de les retenir, ne peuvent être détenus qu'aussi long-temps que les nécessités militaires l'exigent. Ils ont droit au traitement des prisonniers de guerre.

Article 72 (71). — Les passagers qui, sans faire partie de l'équipage, se trouvent à bord d'un navire ennemi, ne peuvent être retenus comme prisonniers de guerre par l'ennemi, à moins qu'ils ne se soient rendus coupables d'un acte hostile.

Les troupes et en général tout passager incorporé dans la force armée de l'ennemi peuvent être faits prisonniers de guerre, même si le navire sur lequel ils se trouvent n'est pas susceptible de saisie ou de retenue.

Article 71. — Les passagers qui, sans faire partie de l'équipage, se trouvent à bord d'un navire ennemi, ne peuvent être retenus comme prisonniers de guerre par l'ennemi, à moins qu'ils ne se soient rendus coupables d'un acte hostile.

Tout passager incorporé dans la force armée de l'ennemi peut être fait prisonnier de guerre, même si le navire n'est pas susceptible de saisie.

Article 73 (72). — C. *Personnel religieux, médical et hospitalier*. — Le personnel religieux, médical et hospi-talier de tout bâtiment pris ou saisi est inviolable et ne peut être fait prisonnier de guerre. Il emporte, en quit-tant le navire, les objets et les instruments de chirurgie qui sont sa propriété particulière.

Ce personnel continuera à remplir ses fonctions tant que cela sera nécessaire et il pourra ensuite se retirer, lorsque le commandant en chef le jugera possible.

Les belligérants doivent assurer à ce personnel tombé entre leurs mains les mêmes allocations et la même solde qu'au personnel des mêmes grades de leur propre marine.

Jouit de la protection dont bénéficie le personnel sanitaire, le commissaire mis par le belligérant à bord du bâtiment hospitalier de son adversaire, conformément à l'alinéa 10 de l'article 46 (45).

Le personnel religieux, médical et hospitalier, perd ses droits à l'inviolabilité, s'il s'immisce dans les hostilités, si, par exemple, il fait usage de ses armes autrement que comme moyen de défense.

Article 74 (73). — D. *Parlementaires.* — Le personnel des navires de cartel est inviolable.

Il perd ses droits d'inviolabilité s'il est prouvé d'une manière positive et irrécusable qu'il a profité de sa position privilégiée pour provoquer ou commettre un acte de trahison.

Article 75 (74). — E. *Espions.* — L'espion, même pris sur le fait, ne peut être puni sans jugement préalable.

Article 76 (75). — On ne doit considérer comme espion que l'individu qui, agissant clandestinement ou sous de faux prétextes, et dissimulant ainsi ses opérations, recueille ou cherche à recueillir des informations dans la zone d'opérations d'un belligérant avec l'intention de les communiquer à la partie adverse.

Ne peuvent, dès lors, être réputés espions et sont soumis au traitement des prisonniers de guerre, s'ils sont capturés, les militaires non déguisés qui ont pénétré dans la zone d'opérations de la flotte ennemie à l'effet de recueillir des informations. De même, ne sont pas regardés comme espions les militaires et les non militaires accomplissant ouvertement leur mission, qui sont chargés de transmettre des dépêches, ou qui se livrent à la transmission et à la réception de dépêches par télégraphie sans fil. A cette catégorie appartiennent également les individus envoyés en aéronefs ou en hydroaéroplanes pour faire un service d'exploration dans la zone d'opérations de la flotte ennemie ou pour entretenir des communications.

Article 77 (76). — L'espion qui réussit à sortir de la zone correspondant à la sphère d'action actuelle des opérations de l'ennemi, ou qui a rejoint la force armée à laquelle il appartient, n'encourt, s'il tombe plus tard au pouvoir de l'ennemi, aucune responsabilité pour ses actes antérieurs.

Article 78 (77). — F. *Réquisition des nationaux de l'Etat ennemi. Guides, pilotes et otages.* — Le belligérant n'a pas le droit de forcer les individus qui tombent en son pouvoir, et d'une manière générale les nationaux de la partie adverse, à prendre part aux opérations de guerre dirigées contre leur pays, même dans le cas où ils auraient été à son service avant le commencement de la guerre, ainsi que de les contraindre à donner des renseignements sur leur propre Etat, ses forces, sa position militaire ou ses moyens de défense.

Il ne pourra les obliger à lui servir de guides ou de pilotes.

Il pourra toutefois punir ceux qui sciemment et volontairement se seront offerts pour l'induire en erreur.

Il n'est pas permis de forcer les nationaux d'un belligérant à prêter serment à la puissance ennemie.

Il est interdit de prendre des otages.

Article 79 (78). — G. *Prisonniers de guerre.* — Les prisonniers de guerre sont au pouvoir du gouvernement ennemi, mais non des individus ou des corps qui les ont capturés.

Ils doivent être traités avec humanité.

Tout ce qui leur appartient personnellement reste leur propriété, excepté les armes, les chevaux, les papiers militaires et en général tous objets spécialement adaptés à un but militaire.

Article 80 (79). — Les prisonniers de guerre ne peuvent être assujettis à l'internement sur un navire qu'en cas de nécessité et temporairement.

Article 81 (80). — Le gouvernement au pouvoir duquel se trouvent les prisonniers de guerre est chargé de leur entretien.

Article 82 (81). — Tous les prisonniers de guerre seront, aussi longtemps qu'ils se trouvent à bord d'un navire, soumis aux lois, règlements et ordres en vigueur dans la flotte de l'Etat au pouvoir duquel ils se trouvent.

Article 83 (82). — Les prisonniers évadés qui seraient repris avant d'avoir pu réussir à sortir de la sphère d'action actuelle de l'ennemi, ou avant d'avoir pu rejoindre la force armée à laquelle ils appartiennent, sont passibles de peines disciplinaires.

Les prisonniers qui, après avoir réussi à s'évader, sont de nouveau faits prisonniers, ne sont passibles d'aucune peine pour la fuite antérieure.

Article 84 (83). — Chaque prisonnier de guerre est tenu de déclarer, s'il est interrogé à ce sujet, ses véritables nom et grade, et, dans le cas où il enfreindrait cette règle, il s'exposerait à une restriction des avantages accordés aux prisonniers de guerre de sa catégorie.

Article 85 (84). — Les prisonniers de guerre peuvent être mis en liberté sur parole, si les lois de leur pays les y autorisent, et, en pareil cas, ils sont obligés, sous la garantie de leur honneur personnel, de remplir scrupuleusement, tant vis-à-vis de leur propre gouvernement que vis-à-vis de celui qui les a faits prisonniers, les engagements qu'ils auraient contractés.

Dans le même cas, leur propre gouvernement est tenu de n'exiger ni accepter d'eux aucun service contraire à la parole donnée.

Article 86 (85). — Un prisonnier de guerre ne peut être contraint d'accepter sa liberté sur parole ; de même le gouvernement ennemi n'est pas obligé d'accéder à la demande du prisonnier réclamant sa mise en liberté sur parole.

Article 87 (86). — Tout prisonnier de guerre, libéré sur parole et repris portant les armes contre le gouvernement envers lequel il s'était engagé d'honneur, ou contre les alliés de celui-ci, perd le droit au traitement des prisonniers de guerre et peut être traduit devant les tribunaux, à moins que, postérieurement à sa libération, il n'ait été compris dans un cartel d'échange sans conditions.

Article 88 (87). — Les prisonniers de la guerre maritime débarqués sur le territoire continental sont soumis aux règles établies pour les prisonniers de la guerre terrestre.

Les mêmes règles doivent être appliquées, dans la mesure du possible, aux prisonniers de guerre internés sur un navire.

Les règles qui précèdent, dans la mesure où il est possible de les appliquer, doivent être suivies vis-à-vis des prisonniers de guerre dès le moment de leur capture, alors qu'ils sont sur le navire qui les conduit au lieu de leur internement.

Article 89 (88). — Après la conclusion de la paix, le rapatriement des prisonniers de guerre s'effectuera dans le plus bref délai possible.

Article 90 (89). — H. *Blessés, Malades, Naufragés et Morts.* — Les bâtiments employés au service hospitalier porteront secours et assistance aux blessés, malades et naufragés des belligérants sans distinction de nationalité.

Article 91 (90). — Dans le cas de prise ou de saisie d'un navire ennemi ou d'un bâtiment hospitalier qui a manqué à ses obligations, les marins et les militaires embarqués et les autres personnes officiellement attachées aux marines ou aux armées, blessés, malades ou naufragés, à quelque nation qu'ils appartiennent, seront respectés et soignés par les capteurs.

Article 92 (91). — Tout bâtiment de guerre d'une partie belligérante peut réclamer la remise des blessés, malades ou naufragés, qui sont à bord de bâtiments-hôpitaux militaires, de bâtiments hospitaliers de sociétés de secours ou de particuliers, de navires de commerce, yachts et embarcations, quelle que soit la nationalité de ces bâtiments.

Article 93 (92). — Sont prisonniers de guerre les naufragés, blessés ou malades d'un belligérant qui tombent au pouvoir de l'autre. Il appartient à celui-ci de décider, suivant les circonstances, s'il convient de les garder, de les diriger sur un port de sa nation, sur un port neutre ou même sur un port de son adversaire. Dans ce dernier cas, les prisonniers ainsi rendus à leur pays ne pourront servir pendant la durée de la guerre.

Article 94 (93). — Après chaque combat, les deux parties belligérantes, en tant que les intérêts militaires le comportent, prendront des mesures pour rechercher les naufragés, les blessés et les malades, et pour les faire protéger, ainsi que les morts, contre le pillage et les mauvais traitements.

Elles veilleront à ce que l'inhumation, l'immersion ou l'incinération des morts soit précédée d'un examen attentif de leurs cadavres.

Article 95 (94). — Chaque belligérant enverra, dès qu'il sera possible, aux autorités de leur pays, de leur marine ou de leur armée, les marques ou pièces militaires d'identité trouvées sur les morts et l'état nominatif des blessés ou malades recueillis par lui.

Les belligérants se tiendront réciproquement au courant des internements et des mutations, ainsi que des entrées dans les hôpitaux et des décès survenus parmi les blessés et malades en leur pouvoir. Ils recueilleront, pour les faire transmettre aux intéressés par les autorités de leur pays, tous les objets d'un usage personnel, valeurs, lettres, etc., qui seront trouvés dans les navires pris ou saisis, ou qui seront délaissés par les blessés ou malades décédés dans les hôpitaux.

Article 96 (95). — En cas d'opérations de guerre entre les forces de terre et de mer des belligérants, les dispositions du présent règlement sur l'assistance hospitalière ne seront applicables qu'aux forces embarquées.

Section VI. — *Des droits et des devoirs du belligérant en territoire occupé.*

Article 97 (96). — *Occupation : étendue et effets.* — L'occupation d'un territoire maritime, c'est-à-dire des golfes, baies, rades, ports et eaux territoriales, n'existe que dans les cas où il y a en même temps occupation du territoire continental, soit par une force navale, soit par une force militaire. L'occupation est, en ce cas, soumise aux lois et usages de la guerre terrestre.

Section VII. — *Des conventions entre belligérants.*

Article 98 (97). — *Règles générales.* — Le commandant de toute force navale belligérante peut conclure des conventions de nature purement militaire concernant les forces sous ses ordres.

Il ne peut, sans autorisation de son gouvernement, conclure aucune convention ayant un caractère politique, telle qu'un armistice général.

Article 99 (98). — Toutes conventions entre belligérants doivent tenir compte des règles de l'honneur militaire et, · une fois fixées, doivent être scrupuleusement observées par les deux parties.

Article 100 (99). — *Capitulation.* — Après avoir conclu une capitulation, le commandant ne peut endommager ni détruire les navires, objets ou approvisionnements en sa possession qu'il doit livrer, à moins que le droit d'agir ainsi ne lui ait été expressément réservé dans la capitulation.

Article 101 (100). — *Armistice.* — L'armistice suspend les opérations de guerre.

Les blocus établis au moment de l'armistice ne sont pas levés, à moins d'une stipulation spéciale dans la convention.

Le droit de visite continue à pouvoir être exercé. Le droit de capture subsiste dans les cas où ce droit existerait à l'égard des navires neutres.

Article 100. — *Armistice.* — L'armistice suspend les opérations de guerre.

Les blocus établis au moment de l'armistice ne sont pas levés, à moins d'une stipulation spéciale dans la convention.

Le droit de visite continue à pouvoir être exercé. Le droit de capture cesse hormis les cas où ce droit existerait à l'égard des navires neutres.

Article 102 (101). — L'armistice peut être général ou partiel. Le premier suspend partout les opérations de guerre des Etats belligérants ; le second seulement entre certaines fractions des forces belligérantes et dans un rayon déterminé.

Article 103 (102). — La convention qui stipule un armis-

tice doit indiquer avec précision le moment où il commence
et celui où il doit finir.

L'armistice doit être notifié officiellement et en temps
utile par chaque belligérant aux autorités compétentes
ainsi qu'aux forces intéressées.

Article 104 (103). — Les hostilités sont suspendues au
terme fixé par la convention, ou, si un terme n'a pas été
établi, immédiatement après la notification de l'armistice.

Si la durée de l'armistice n'a pas été déterminée, les
parties belligérantes peuvent reprendre en tout temps les
opérations, pourvu toutefois que l'ennemi soit averti en
temps utile.

Article 105 (104). — Les clauses de l'armistice naval
fixeront, au cas où elles admettraient l'accès des bâtiments
de guerre des belligérants à certains points du littoral
ennemi, les conditions de cet accès et les rapports de ces
bâtiments soit avec les autorités locales, soit avec les
populations.

Article 106 (105). — Toute violation grave de l'armistice
par l'une des parties donne à l'autre le droit de le dénon-
cer et même, en cas d'urgence, de reprendre immédiatement les hostilités.

Article 107 (106). — La violation des clauses de l'armistice par des particuliers isolés, agissant de leur propre
initiative, donne droit seulement à réclamer la punition
des coupables et, s'il y a lieu, une indemnité pour les
pertes éprouvées.

Article 108 (107). — *Suspension d'armes.* — La suspension d'armes doit, comme l'armistice, fixer avec précision
le point de départ de l'arrêt des hostilités et le moment où
doit cesser son effet.

S'il n'y a pas de délai fixé pour la reprise des hostilités,
le belligérant qui se propose de continuer la lutte doit en
prévenir l'ennemi en temps utile.

La rupture d'une suspension d'armes par l'un des belligérants ou par des particuliers isolés entraîne les conséquences visées aux articles 106 (105) et 107 (106).

SECTION VIII. — *Des formalités de la saisie et du jugement des prises.*

Article 109 (108). — *Formalités de la saisie.* — Lorsque, après la visite qui en aura été faite, un navire est reconnu susceptible de capture, l'officier qui en opère la saisie doit :

1° mettre sous scellés, après les avoir inventoriés, tous les papiers de bord du navire ;

2° dresser un procès-verbal de la saisie, ainsi qu'un inventaire sommaire du bâtiment constatant son état ;

3° constater l'état de la cargaison dont il sera dressé un inventaire, puis faire fermer les écoutilles de la cale, les coffres et les soutes, et y apposer les scellés, autant que le permettent les circonstances ;

4° dresser la liste des personnes trouvées à bord ;

5° mettre à bord du navire saisi un équipage suffisant pour s'assurer du navire et y maintenir l'ordre et le conduire dans tel port qu'il appartiendra.

S'il le juge à propos, le capitaine peut, au lieu de détacher un équipage à bord du navire, se borner à l'escorter.

Article 110 (109). — En dehors des personnes susceptibles d'être considérées comme prisonniers de guerre ou d'être punies, le belligérant ne peut retenir, sur le navire saisi, que pendant un délai raisonnable, celles qu'il est nécessaire d'entendre comme témoins pour la constatation des faits : à moins d'empêchement absolu il doit les remettre en liberté après que procès-verbal de leurs dépositions a été dressé.

12*

Si des circonstances spéciales le commandent, le capitaine, les officiers et une partie de l'équipage du navire saisi peuvent être pris à bord du capteur.

Le capteur pourvoira à l'entretien des personnes retenues et leur donnera, en tout cas, ainsi qu'aux personnes de l'équipage, lors de leur mise en liberté, les moyens provisoirement nécessaires pour leur entretien ultérieur.

Article 111 (110). — Le navire saisi doit être conduit dans un port de l'Etat capteur ou dans celui d'une puissance belligérante alliée, aussi proche que possible, susceptible d'offrir un abri sûr et ayant des communications faciles avec le tribunal des prises chargé de statuer sur la capture.

Pendant le voyage, la prise naviguera avec le pavillon et la flamme, insigne des navires militaires de l'Etat.

Article 112 (111). — Le navire saisi et la cargaison seront, autant que possible, maintenus intacts durant leur voyage au port.

Si la cargaison comprend des choses susceptibles de se détériorer facilement, le capteur, autant que possible d'accord avec le capitaine du navire saisi et en sa présence, prendra les mesures les plus convenables pour la conservation de ces choses.

Article 113 (112). — *Destruction des navires et des marchandises confiscables.* — Il n'est permis aux belligérants de détruire les navires ennemis saisis qu'en tant qu'ils sont sujets à confiscation et en présence d'une nécessité exceptionnelle, c'est-à-dire lorsque l'exigent la sécurité du navire capteur ou le succès des opérations de guerre dans lesquelles celui-ci est actuellement engagé.

Avant la destruction, les personnes qui se trouvent à bord devront être mises en sûreté, et tous les papiers de bord et autres pièces que les intéressés estimeront utiles pour le jugement sur la validité de la capture devront être ransbordés sur le navire capteur. Il en sera de même, dans la mesure du possible, pour les marchandises.

Il sera dressé procès-verbal de la destruction du navire capturé et des motifs qui l'ont amenée.

Article 114 (113). — Le capteur a la faculté d'exiger la remise ou de procéder à la destruction des marchandises confiscables trouvées à bord d'un navire qui lui-même n'est pas sujet à confiscation, lorsque les circonstances sont telles que, d'après l'article précédent, elles justifieraient la destruction d'un navire passible de confiscation. Il mentionne les objets livrés ou détruits sur le livre de bord du navire arrêté et se fait remettre par le capitaine copie certifiée conforme de tous papiers utiles. Lorsque la remise ou la destruction a été effectuée et que les formalités ont été remplies, le capitaine doit être autorisé à continuer sa route.

Article 115 (114). — *Emploi des navires saisis.* — Si le navire saisi ou sa cargaison est nécessaire au capteur pour un usage public immédiat, il peut les employer à cet usage. Dans ce cas, il serait fait du navire et de la cargaison, par des personnes impartiales, une estimation et un inventaire soigneux qui, joints au dossier de la saisie, seront transmis au tribunal des prises.

Article 116 (115). — *Perte des prises par fortune de mer.* — Si une prise est perdue par fortune de mer, on doit constater le fait avec soin. Aucune indemnité n'est due, dans ce cas, ni pour le navire, ni pour le chargement, pourvu que, si la prise est annulée ultérieurement, le capteur puisse prouver que la perte aurait eu lieu même en l'absence de capture.

Article 117 (116). — *Rescousse.* — Lorsqu'un navire pris, puis repris, vient à être enlevé au recapteur, le dernier capteur a seul des droits sur lui.

Article 118 (117). — *Jugement des prises.* — Le navire

saisi et son chargement, une fois entrés dans un port de l'Etat capteur ou dans celui d'une puissance alliée, sont remis à l'autorité compétente, avec tous les documents nécessaires.

Article 119 (118). — La légalité et la régularité de la capture des navires ennemis et de la saisie des marchandises doivent être établies devant la juridiction des prises. Celle-ci est également compétente pour se prononcer sur les réclamations relatives à l'exercice du droit de retenue ou de réquisition et sur les indemnités qui peuvent en découler.

Article 118. — La légalité et la régularité de la capture des navires ennemis et de la saisie des marchandises doivent être établies devant la juridiction des prises.

Article 120 (119). — Toute reprise doit également être jugée par la juridiction des prises.

Article 121 (120). — Un Etat belligérant n'acquerra la propriété du navire ou des marchandises qu'il a saisis durant la guerre qu'au moment où, par une décision devenue définitive, la juridiction des prises aura prononcé à son profit la confiscation de ce navire ou de ces marchandises.

Article 122 (121). — Si la saisie du navire ou des marchandises n'est pas validée par la juridiction des prises, ou si, sans qu'il y ait eu de mise en jugement, la saisie n'est pas maintenue, les intéressés ont droit à des dommages et intérêts, à moins qu'il y ait eu des motifs suffisants de saisir le navire ou les marchandises.

Article 123 (122). — Dans le cas de destruction d'un navire, le capteur sera tenu d'indemniser les intéressés, s'il n'est pas justifié par lui de la nécessité exceptionnelle de la destruction, ou si, la destruction ayant été justifiée, la capture est ensuite déclarée nulle.

La même règle est applicable dans l'hypothèse prévue à l'article 114 (113).

Si des marchandises qui n'étaient pas susceptibles de confiscation ont été détruites, le propriétaire de ces marchandises a droit à une indemnité.

Au cas où le capteur a fait emploi du navire ou de la cargaison après la saisie, il devra, si celle-ci est reconnue illégitime, payer aux intéressés une équitable indemnité, d'après les documents dressés au moment de l'emploi.

Article 124 (123). — A la différence des navires publics non militaires et des navires privés ennemis, les bâtiments de la marine militaire d'un belligérant pris par son adversaire deviennent, ainsi que leur matériel, la propriété de celui-ci, dès qu'ils sont tombés en sa possession, sans que doive intervenir une décision de la juridiction des prises.

SECTION IX. — *De la fin des hostilités.*

Article 125 (124). — *Paix.* — Les actes d'hostilité doivent cesser par la signature de la paix.

L'avis de la fin de la guerre doit être notifié dans le plus bref délai par chaque gouvernement au commandant de ses forces navales.

Lorsque des actes hostiles ont été accomplis après la signature de la paix, on doit, autant que possible, remettre les choses en l'état.

Lorsqu'ils ont été accomplis après connaissance de l'avis officiel du traité de paix, ils donneront lieu à une indemnité et à la punition des coupables.

ARTICLE ADDITIONNEL

Conformément à l'article 3 de la Convention de La Haye du 18 octobre 1907, concernant les lois et coutumes de la guerre sur terre, la partie belligérante qui violerait les dispositions du présent règlement sera tenue à une indemnité, s'il y a lieu ; elle sera responsable de tous actes commis par les personnes faisant partie de sa force armée navale.

Fontenay-aux-Roses, 21 mai 1914.

CHAUMONT. — Typographie et Lithographie CAVANIOL.

www.ingramcontent.com/pod-product-compliance
Lightning Source LLC
Chambersburg PA
CBHW060601210326
41519CB00014B/3535